Adventszauber in Thüringen

Ulrich Seidel

Adventszauber in Thüringen

Die 50 schönsten Weihnachtsmärkte und Ausflugsziele

SUTTON

Inhaltsverzeichnis

Vorwort

Mit dem Advent verbinden die meisten eine stimmungsvolle Zeit voller vorweihnachtlicher Düfte, Klänge, Dekorationen. Es ist natürlich auch die Zeit der Weihnachtsmärkte und Geschenkebesorgungen. Im Advent wird vorbereitet, gewartet. Es geht um das Erwarten einer Ankunft, denn im lateinischen „adventus" steckt die Bedeutung „Ankunft". Gemeint ist damit die Ankunft Jesu Christi. Weihnachten ist seit vielen Jahrhunderten ein kirchliches Fest und die Christen bereiten sich in der Adventszeit auf das Hochfest der Geburt des Jesus von Nazaret, die Menschwerdung Gottes, vor.

Dem Weihnachtsfest voraus gehen die vier Adventssonntage. Der erste dieser Sonntage ist auch der Beginn des neuen Kirchenjahres. Dass die Adventszeit ursprünglich eine Fastenzeit war, ist heute kaum noch zu spüren. Hektisch rennen die Menschen oft von einem Laden zum anderen, kaufen und besorgen, um den Lieben daheim und den Verwandten eine schöne Bescherung zum Weihnachtsfest zu ermöglichen. Mitunter ist es dann tatsächlich eine „schöne Bescherung" und nach Weihnachten hört man sehr oft den Ausruf: „Im nächsten Jahr machen wir das ganz anders!"

Damit können Sie schon in diesem Jahr beginnen. Den Schlüssel zu einer gut geplanten oder spontan erlebnisreichen Adventszeit mit der Familie, mit Freunden oder auch mal allein halten Sie mit diesem Büchlein in den Händen. Es bietet Ihnen die Möglichkeit, sich den schönsten Weihnachts- oder Adventsmarkt in Thüringen auszusuchen, tolle Ausflugsideen zu finden und in die Tat umzusetzen. Genießen Sie doch mal die freie Zeit an den Adventswochenenden, freuen Sie sich auf Weihnachten.

Wenn Ihnen ein Weihnachtsmarkt oder ein Ausflugstipp besonders gefallen hat, lassen Sie es mich bitte wissen, und wenn ich mit einem Tipp völlig daneben lag, dann erst recht! Sie finden mich auf meiner Homepage: http://www.ansichtssache-erfurt.de/

Schreiben Sie mir, was Sie in der Adventszeit für schöne Plätze in Thüringen besucht haben – und die nächste Auflage dieses Büchleins wird noch mal so schön.

Frohes Fest!
Ihr Ulrich Seidel

1

Altenburger Weihnachtsmarkt

Von Ende November bis zum 4. Advent lockt die Skatstadt Altenburg mit ihrem gemütlichen Weihnachtsmarkt. Traditionell eröffnet der Weihnachtsmann persönlich vom Balkon des Rathauses aus das Markttreiben. Unterstützt wird er dabei von weihnachtlicher Blasmusik. Die ganze Innenstadt ist weihnachtlich geschmückt und die Besucher dürfen sich auf ein buntes Angebot freuen. Typisch weihnachtliche und winterliche Waren warten auf ein schau- und kauflustiges Publikum. Während die Eltern sich einen Glühwein gönnen oder geröstete Mandeln knabbern, drehen die Kinder eine Runde auf dem Karussell oder mit der Eisenbahn. Zum besonderen Flair des Altenburger Weihnachtsmarktes gehört die „lebende Krippe" neben dem Rathausportal.

An den Wochenenden sind auf der Marktbühne regelmäßig unterhaltsame Darbietungen mit viel Musik zu erleben. Trotz vollem Terminkalender stattet der Weihnachtsmann dem Altenburger Weihnachtsmarkt jeden Tag ab 16 Uhr einen Besuch ab. Alle wissen, dass er nicht mit leeren Händen kommt. Im Bastelzelt können Groß und Klein Geschenke auch selbst basteln, und hinter dem Bastelzelt gibt es Weihnachtsbäume zu kaufen.

Wer dem Großstadttreiben mit Gedränge an den Ständen entfliehen will und es stattdessen ruhig und gemütlich mag, der wird sich auf dem Altenburger Weihnachtsmarkt sehr wohlfühlen.

Altenburger Weihnachtsmarkt, So 12–19, Mo–Do 10–19, Fr/Sa 10–20 Uhr
Infos unter: www.altenburg.eu, Touristinfo, Markt 10, 04600 Altenburg; Tel.: 03447 89 66 89 Mo–Fr 9–18, Sa/So 10–14 Uhr
Anfahrt: A 4, Abfahrt Gera, auf B 2 Richtung Zeitz, 1. Abfahrt Richtung Zschippach/Brahmenau abbiegen und der Ausschilderung nach Altenburg folgen.

2 Lichterfest in Apolda

Süßer die Glocken nie klingen ..." – Das trifft natürlich besonders in der Glockenstadt Apolda mit ihrer über 200-jährigen Glockengießertradition zu. Ein Besuch lohnt sich vor allem zum beliebten Lichterfest am ersten Adventswochenende. Dann nämlich wird der Marktplatz in Apolda weihnachtlich geschmückt, ein großer Weihnachtsbaum aufgestellt und Händler bieten an zahlreichen Ständen ihre Erzeugnisse und allerlei Leckereien an. Eine Feuershow, die faszinierende Illumination der Stadt, musikalische Darbietungen sowie der über allem schwebende weihnachtliche Duft sind stimmungsvoller Auftakt für die Adventszeit. Besonderes Highlight ist der traditionelle Stollenanschnitt. Wenn Sie nun schon in Apolda sind, empfehle ich einen Besuch im GlockenStadtMuseum in der Bahnhofstraße oder im DDR-Museum schräg gegenüber. Kunstinteressierte finden im Kunsthaus Apolda Avantgarde, ebenfalls in der Bahnhofstraße, wechselnde Ausstellungen. Sollten Sie nicht so weit laufen wollen, können Sie auch das Kulturzentrum Schloss Apolda besuchen. Bestimmt findet an diesem Adventswochenende eine passende Veranstaltung statt.

Apoldaer Lichterfest, immer am 1. Adventswochenende, Fr 12–23, Sa 11–23, So 13–18 Uhr, www.apolda.de
Touristinformation Apolda Markt 1, 99510 Apolda, Tel.: 03644 650100
Anfahrt: A4, Abfahrt Apolda, auf B 87 Richtung Mellingen und weiter Richtung Apolda.

3

Bach-Advent in Arnstadt

Neben den Thüringer Bachwochen ist der Bach-Advent in Arnstadt das wohl größte Ereignis im Jahreslauf. An zahlreichen Orten in der Arnstädter Altstadt finden musikalische Veranstaltungen statt, die natürlich in erster Linie Johann Sebastian Bachs Werke zelebrieren. Am Wochenende des 1. Advent öffnen ungefähr 40 Kirchen, öffentliche Gebäude und private Höfe ihre Pforten zu einem ganz besonderen Weihnachtsmarkt. Die Arnstädter Altstadt und deren Bewohner laden dazu ein, die historischen Höfe zu bewundern, gastronomische Spezialitäten und heiße Getränke jeglicher Art zu genießen und ganz besondere Weihnachtsgeschenke zu entdecken. Musikalischer Hochgenuss ist ebenfalls möglich: An nicht weniger als 30 Orten finden von Donnerstag bis Sonntag Aufführungen hochkarätiger Künstler statt – für alle Fans J. S. Bachs ein fester Termin im Kalender. Ein tolles Familien- und Kinderprogramm macht den Bach-Advent zu einem attraktiven Erlebnis für Familien. Um eine Übersicht über das breit gefächerte Wochenendprogramm zu erhalten, lohnt es sich, in der knapp 100-seitigen Informationsbroschüre zu stöbern oder gleich die Bach-Advent-App aufs Smartphone zu laden. Hier finden sich alle Veranstaltungen von Improvisationstheater, Puppentheater für Groß und Klein, Klassik, Pop, Rock, Jazz, Salsa, Folk, Blues, Lesungen, Installationen und Ausstellungen, Street Art, Feuershows bis hin zum Wettstreit junger Poeten.

Bach-Advent Arnstadt am Wochenende des 1. Advent,
weitere **Informationen** unter www.bach-advent.de
Anfahrt: A 4, Abfahrt Neudietendorf, A 71 Abfahrt Arnstadt-Süd oder Arnstadt-Nord, der Ausschilderung Richtung Innenstadt folgen.

4 Advent in Bad Berka

Die im malerischen Ilmtal gelegene Kurstadt Bad Berka lockt am Wochenende des 1. Advent mit einem Weihnachtsmarkt in die festlich dekorierte Innenstadt. Der Bürgermeister lässt es sich nicht nehmen, den Weihnachtsmarkt zu eröffnen, assistiert von der Bad Berkaer Wasserfee. Vereine, Schulen und Geschäftsleute

bieten eine Vielzahl weihnachtstypischer Erzeugnisse, Geschenke und Bastelarbeiten an. Der Bad Berkaer Posaunenchor umrahmt das Markttreiben mit weihnachtlicher Musik, und natürlich kommt auch der Weihnachtsmann zum Markt. Für das leibliche Wohl sorgen süße und deftige Köstlichkeiten und, für die Besucher, die gerne bleiben und nicht mehr fahren müssen, ein zünftiger Glühwein. Wo auch immer Sie sich an diesem Wochenende in Bad Berka bewegen, umweht Sie ein köstlicher Duft von weihnachtlichem Backwerk und deftigen Naschereien.

Weihnachtsmarkt am Wochenende des 1. Advent von 10 bis 18 Uhr
Auskunft über Touristinformation, Goetheallee 3, 99438 Bad Berka,
Tel.: 03 64 58 5790
Anfahrt: A 4, Abfahrt Nohra, auf B 85 Richtung Rudolstadt / Bad Berka.

5 Heldburger Weihnachtsmarkt

Der Samstag vor dem 2. Advent ist mittlerweile ein fester Termin für den Weihnachtsmarkt auf dem Heldburger Marktplatz. Rund um den Weihnachtsbaum sind zahlreiche Stände aufgebaut, an denen die Händler ihre Waren feilbieten. Auch Heldburger Vereine sind präsent mit Bastel- und Laubsägearbeiten, Spielwaren, Keramik, Korberzeugnissen, Likören, Strumpfwaren und Geschenkartikeln. Noch schnell ein Geschenk für die Eltern oder Großeltern selbst basteln? Kein Problem! Im Rathaus sind alle Bastelfreunde herzlich willkommen. Mit etwas Glück gewinnen Sie bei der beliebten Heldburger Tombola auch einen Preis – Sie müssen nur vorher ein Los kaufen.

Auch an die Jüngsten ist gedacht: Sie können einen kleinen Streichelzoo besuchen. Außerdem gibt es für die Kleinen Kaspertheater im Rathaus und weihnachtliche Musik sowieso. Doch der Mensch lebt nicht von Musik allein, eine Bratwurst, der Becher Glühwein, das muss auch sein! Diese und viele andere Köstlichkeiten können die Besucher ebenfalls auf dem Marktplatz genießen. Das malerisch im fränkischen Hügelland gelegene Bad Colberg-Heldburg lockt darüber hinaus mit dem Deutschen Burgenmuseum auf der Veste Heldburg. Vielleicht genießen Sie das Ambiente sogar in verschneiter Landschaft.

Bad Colberg-Heldburg Touristinformation, Hauptstraße 4, 98663 Heldburg OT Bad Colberg, Tel.: 036871 20159, www.stadt-heldburg.de

Weihnachtsmarkt immer am Samstag vor dem 2. Advent 14–19 Uhr

Anfahrt: A 73 Abfahrt Eisfeld, Richtung Ottowind/Großwalbur/Bad Colberg fahren und der Ausschilderung Richtung Heldburg folgen.

6 Frankenhäuser Weihnachtsmarkt

Zu Bad Frankenhausen fällt fast jedem als erstes das Bauernkriegsmuseum mit dem überwältigenden Panoramagemälde von Werner Tübke ein. Am ersten Adventswochenende jedoch wird es gemütlich am Südhang des Kyffhäusers, denn das Städtchen lädt zum „Frankenhisser Weihnachtsmarkt" vor dem Rathaus ein. Stimmungsvolles Licht, Tannengrün und der Duft gebrannter Mandeln erhöhen die Vorfreude auf das Fest. An vielen Ständen können Sie typische Weihnachtswaren erwerben, Glühwein und Plätzchen genießen. Karussells für die Kleinen versprechen eine vergnügliche Fahrt. Weihnachtliche Melodien dringen ans Ohr, die von Chören und Bläsergruppen dargeboten werden. Erwähnenswert ist eine weitere kleine traditionelle Veranstaltung, die allerdings erst nach dem Weihnachtsfest stattfindet: das Knutfest. Das Verbrennen der Weihnachtsbäume hat seinen Ursprung in Schweden. In Bad Frankenhausen kann nun ebenfalls ein jeder seinen Weihnachtsbaum ein letztes Mal zum Leuchten bringen. Am ersten oder zweiten Samstag nach dem Dreikönigstag (6. Januar) werden die ausgedienten Bäume am Untergelgen hinter der Kyffhäuser-Therme

aufgeschichtet und die Freiwilligen Feuerwehren sorgen dafür, dass einerseits ein herrliches Feuer die Nacht erhellt und dieses andererseits aber nicht außer Kontrolle gerät. Musik, Glühwein, Rostbratwurst und Brätel sorgen auch hier dafür, dass das Knutfest ein geselliges Beisammensein wird.

Weihnachtsmarkt in Bad Frankenhausen, immer am 1. Adventswochenende; Fr 16–22, Sa 14–22, So 14–18 Uhr; verkaufsoffener Sonntag von 12–18 Uhr

Knutfest auf dem Untergelgen am ersten oder zweiten Samstag nach dem Dreikönigstag, ab 18 Uhr

Informationen zu beiden Veranstaltungen finden Sie unter www.bad-fankenhausen.de, Touristinformation, Anger 14, 06567 Bad Frankenhausen, Tel.: 034671 71717 Mo–Fr 9–18, Sa/So/Feiertag 9–15 Uhr

Anfahrt: A 71, Abfahrt Heldrungen, der B 86 folgen bis Bahnhof Heldrungen, weiter Richtung Oldisleben, dort auf B 85 Richtung Seehausen/Bad Frankenhausen.

7

Der „Stern von Bethlehem“
Sternen-Dinner im Planetarium Bad Salzungen

Bad Salzungen ist weit über die Grenzen Thüringens hinaus bekannt für seine heilenden Sole-Quellen. Dass Bad Salzungen auch ein Planetarium besitzt, wissen schon nicht mehr so viele Leute. Besonderes Highlight: Das Planetarium bietet das ganze Jahr über „Mondschein-Dinner“ an, bei denen Sie unter einem faszinierenden Sternenhimmel erlesene Speisen und Getränke genießen. Im Advent werden natürlich zur Jahreszeit passende Gerichte serviert. Und über Ihnen erstrahlt währenddessen eine Projektion des Sternenhimmels, wie er vor mehr als 2.000 Jahren aussah, als der Stern von Bethlehem am Himmel stand.

Alle Kinder können sich am 1. Advent außerdem auf eine Märchenvorstellung unter dem (künstlichen) Sternenhimmel freuen.

Termine können erfragt werden im:
Planetarium Bad Salzungen, Burgseestraße 7a, 36433 Bad Salzungen, Tel.: 03695 55 37-0, www.vhs-wartburgkreis.de/planetarium; Märchenvorstellung für Kinder immer am 1. Advent
Anfahrt: A 4, Abfahrt Eisenach-Ost, weiter auf B 88/B 19 Richtung Bad Salzungen.

8 Weihnachtsmarkt auf Schloss Burgk

Kunsthandwerk und Handwerkskunst an über 50 Marktständen erleben Sie alle Jahre wieder auf Schloss Burgk, einer der schönsten Schlossanlagen Thüringens. Am ersten Adventswochenende kann man sich hier in Vorweihnachtsstimmung versetzen lassen. Auf dem gesamten Schlossgelände, im Zwinger und rund um das Amtshaus laden bekannte wie auch neue Händler mit ihren Waren zum Schlemmen, Staunen und Verweilen ein. Auch auf dem Gemeindeplatz gibt es Weihnachtsmarktstände. Neben kunsthandwerklich hergestellten Keramik-, Ton-, Holz- und Webwaren bestaunen Sie Weihnachts- und Christbaumschmuck, Handarbeiten, Hüte, Mützen, Handschuhe, Fell- und Wollwaren, Kerzen, Korbwaren und vieles mehr. Es gibt Adventskränze und -gestecke, Stauden und Blumenzwiebeln, neue und antiquarische Bücher sowie Mineralien. Neben all dem fehlen weihnachtliche Spezialitäten und Spezereien wie Liköre, Wein, Gelee, Honigprodukte und handgefertigte Pralinen genauso wenig wie Rares und Exklusives, z. B. Stutenmilchprodukte. Kinder können selbst Kerzen ziehen, filzen, Holz- und Tonfiguren bemalen. Als besonderer Gast wird der Weihnachtsmann erwartet. Selbstverständlich können Sie sich auch von den Klängen der Silbermann-Orgel in der Schlosskapelle verzaubern lassen, einem der bedeutendsten und wertvollsten Instrumente Mitteldeutschlands.

Weihnachtsmarkt auf Schloss Burgk, Ortsstraße 17, 07907 Burgk/Saale; immer am 1. Adventswochenende, Sa 11–20, So 11–19 Uhr
Weitere Informationen unter www.schloss-burgk.de; Tel.: 03663 400119

Eintritt Erw. 3,50 €; Kinder 1,50 €. Der Zutritt zum Museum ist mit Hunden nicht gestattet.

Anfahrt: A 9, Abfahrt Schleiz, Richtung Saalburg, der Ausschilderung nach Burgk folgen. Bitte nutzen Sie den Parkplatz am Ortseingang, da die gesamte Ortslage für den Fahrzeugverkehr gesperrt ist. Etwa 500 Meter Fußweg bis zum Schloss.

Für die vorweihnachtliche musikalische Umrahmung sorgen am Weihnachtsmarktwochenende zu ausgewählten Uhrzeiten verschiedene Musiker und die Schüler der Musikschule Saale-Orla. Für das leibliche Wohl ist bestens gesorgt. In der Historischen Schlossküche, im Backhaus, im Zwinger und an verschiedenen Marktständen auf dem Schlossvorhof sowie im Innenhof des Schlosses und auf dem Gemeindeplatz gibt es neben Stollen, Pfefferkuchen, Detschern und anderen Süßigkeiten auch deftige Spezialitäten. Kaffee, Punsch und Glühwein sorgen für wohliges Aufwärmen von innen.

9

Carillon-Konzerte im Advent

Kirchenglocken scheinen in der (Vor-)Weihnachtszeit ganz besonders feierlich zu klingen. Seit Beginn des 16. Jahrhunderts gelingt es Glockengießern, aufeinander abgestimmte Glocken zu gießen. Seitdem können auf Bronzeglocken auch Melodien gespielt werden. In Thüringen gibt es fünf ganz besondere Carillons, also Glockenspiele, die per Hand gespielt werden können. Sie alle haben mehr als 23 aufeinander abgestimmte Bronzeglocken und ein sogenanntes Stockenklavier, mit dem die Klöppel der Glocken bewegt werden. So kann der Glockenspieler (Carilloneur) in der Lautstärke differenziert Melodien spielen, in der Vorweihnachtszeit natürlich altbekannte weihnachtliche Weisen, so zum Beispiel im *Erfurter Bartholomäusturm* am Anger. An den Adventssamstagen erklingen die 60 Bronzeglocken und zaubern zusammen mit dem Angebot des Glühweinstandes in der Nähe des Turmes festliche Stimmung auf die Gesichter der Lauschenden. Im *Saalfelder Park Bergfried* können Sie weihnachtliche Melodien an allen Adventssonntagen hören und Ihre klammen Hände an Glühweinbechern wärmen. Zur Stärkung gibt es Pfefferkuchen. Das Carillon in Saalfeld gehört mit seinen 25 Glocken zu den ältesten Carillons Deutschlands; bereits 1925 wurde es installiert und 1986 erweitert. *Gera* bietet ein Carillon mit 37 Glocken im Rathausturm. Wenn auf dem Marktplatz die Buden mit allerlei Weihnachtlichem locken, schweben silberhelle Glockenklänge über den Platz. Während des Geraer Märchenmarktes hört man das Glockenspiel täglich um 10 Uhr. Darüber hinaus ist es zur Eröffnung des Märchenmarktes und an vielen Tagen auch um die Mittags- oder Nachmittagszeit zu hören. Die Spieler am Carillon sind ehrenamtliche Musikanten. In *Altenburg* gibt es ein Carillon mit 24 Glocken in der katholischen Pfarrkirche „Erscheinung des Herrn" in der Frauengasse. Dort sind die Weihnachtslieder am dritten Adventssamstag zu hören. In *Geisa* werden in der Adventszeit die 49 Glocken des Carillons in der Stadtpfarrkirche zum Klingen gebracht und sind in der ganzen Stadt zu hören. Wenn Sie Glück haben, können Sie sich das Carillon auch aus der Nähe anschauen. Bei gutem Wetter werden Führungen angeboten.

Erfurt: Carillon im Bartholomäusturm, Anger 52, 99084 Erfurt, Adventskonzerte an allen Adventssamstagen, 16 Uhr. Infos unter www.bartholomaeusturm.de

Saalfeld: Carillon im Park Bergfried, Bergfried 1, 07318 Saalfeld, an allen Adventssonntagen, 15 Uhr. Infos unter www.saalfeld-tourismus.de

Altenburg: Carillon in der katholischen Pfarrkirche „Erscheinung des Herrn“, Frauengasse 24, 04600 Altenburg, Infos unter www.kathkirchen-abgland.de; Achtung: Für Navigationsgeräte bitte Zieleingabe Unterm Schloss 17, 04600 Altenburg

Gera: Carillon im Rathaus, Markt 17, 07545 Gera, Infos unter www.gera.de

Geisa: Carillon in der Stadtpfarrkirche St. Philippus und Jakobus, Kirchplatz 7, 36419 Geisa, unregelmäßig während der Adventszeit, Infos unter www.glockenspiel-geisa.de

10

Historischer Weihnachtsmarkt auf der Wartburg

Alle **Informationen** rund um den Historischen Weihnachtsmarkt finden Sie unter:www.wartburg.de

Öffnungszeiten an den Adventswochenenden, jeweils Sa und So von 10 bis 19 Uhr

Eintrittspreis: 5 Euro pro Person, Kinder bis 14 Jahre frei

Ein Besuch der sagenumwobenen Wartburg ist immer ein beeindruckendes Erlebnis. Doch wenn an den ersten drei Adventswochenenden der Historische Weihnachtsmarkt lockt, altes Handwerk, wie Glasbläser, Kerzenzieher, Seifensieder, Zinngießer und Laternenbauer, zu bestaunen ist, Steinmetze, Kräuterfrauen und fahrende Händler in altertümlichen Trachten ihre Waren zum Verkauf bieten, dann lohnt sich der Weg doppelt. Adventkonzerte im Festsaal, Spielmänner, Gaukler und Puppenspieler auf den Burghöfen runden das adventliche Angebot in romantischer Atmosphäre ab. Kaum jemand vermag sich diesem Zauber zu entziehen.

Bereits die Fahrt nach Eisenach kann zu einem kleinen vorweihnachtlichen Event werden, wie der nächste Tipp zeigt.

11 Mit der Dampflok nach Eisenach

An einem der Adventswochenenden verkehrt ein Traditionszug der DB AG von Zeulenroda bzw. Altenburg über viele Stationen nach Eisenach. Der von einer historischen Dampflokomotive gezogene

Die genauen **Fahrttermine** und Einsteigepunkte entnehmen Sie bitte dem Internet: http://www.bahnnostalgie-thueringen.de/reiseziele/wartburg-express.html

Tickets unter https://www.ticketshop-thueringen.de/vorverkaufsstellen

Fahrpreise: ab 31 € (Erw.), Kinder von 6 bis 14 Jahren 10 €

Sonderzug „Wartburg-Express" bringt die ganze Familie sicher nach Eisenach und wieder nach Hause. In Eisenach schließt sich eine entspannte Busfahrt hinauf zur Wartburg auf den dortigen Weihnachtsmarkt an. Selbstverständlich können Sie auch zur Burg hinauf wandern. Süße Düfte schweben über dem Burggelände, und bei gutem Wetter bietet sich eine fantastische Fernsicht über das schöne Thüringer Land. Mit dem Pendelbus geht es später wieder zum Bahnhof Eisenach.

Im Fahrpreis inbegriffen ist die Nutzung des Pendelbusses von und zur Wartburg.

12 Ausflug ins Weihnachtstal bei Eisenberg

Im malerischen Mühltal, das von Eisenberg nach Weißenborn führt, sind nicht weniger als acht ehemalige Mühlen zu finden, die sich am Wochenende des 3. Advent natürlich in weihnachtlichem Schmuck zeigen. Das Mühltal wird dann zum Weihnachtstal, dem wohl längsten Weihnachtsmarkt Deutschlands – ein Erlebnis für die ganze Familie. An allen Mühlen gibt es die verschiedensten Attraktionen zu erleben, von Musik über Miniaturen und Weihnachtsrodeln bis zur Kinder- und Märchenweihnacht. Ein entspannter Spaziergang von Mühle zu Mühle bringt ein wenig Bewegung und viel Abwechslung. Ein Bus-Shuttle macht den Besuch des Weihnachtstales vor allem für Ältere oder weniger lauffähige oder -freudige Besucher noch entspannter. Der Bus bringt Sie von Ihrem Parkplatz direkt zum Eingang des Mühltales. Am anderen Ende steigen Sie einfach wieder in den Bus ein und fahren sicher zurück zu Ihrem Auto.

Informationen zum Weihnachtstal-Mühltal: Eisenberg-Information,
Markt 26, 07607 Eisenberg
Tel.: 036691 73 454
www.stadt-eisenberg.de.

Das Weihnachtstal ist Sa/So 10–18 Uhr geöffnet, für Fahrzeuge aber gesperrt. Ein Bus-Shuttle (Rundkurs) ist eingerichtet.

Eintrittspreis: 7 € (berechtigt zur kostenlosen Nutzung des Bus-Shuttles), Kinder bis 14 Jahre frei. Weitere Informationen unter www.weihnachtstal.de

Anfahrt Eisenberg: A 4 Abfahrt Hermsdorf-Ost, Richtung Bad Klosterlausnitz/Weißenborn.

Weihnachtstal

13

Eisenberger Nachtweihnachtsmarkt

Alljährlich locken am Freitag und Samstag des 1. Advent zahlreiche zauberhaft geschmückte Weihnachtsbuden mit kulinarischen Köstlichkeiten und jahreszeittypischen Heißgetränken die Besucher in die Eisenberger Innenstadt – zum Nachtweihnachtsmarkt.

Schul- und Kindergartenkinder bieten traditionelles Weihnachtsgebäck, liebevoll gestaltete Adventskalender und selbstgebastelte Gestecke auf dem Steinweg an. Die Ladenstraße und der Markt funkeln in weihnachtlichem Glanz. Fantasievoll dekorierte Schaufenster gibt es zu bestaunen, die Geschäfte sind bis in die Nacht hinein geöffnet. Bummeln und Genießen – das gehört beim Eisenberger Nachtweihnachtsmarkt zusammen. In gemütlicher Atmosphäre macht es Spaß, Geschenke auszusuchen, der Musik zu lauschen oder Anregungen für das Fest zu sammeln. Um den Marktbrunnen herum können kleine und große Kinder auf Ponys reiten. Der singende Weihnachtsmann begrüßt Jung und Alt. Auf der Bühne passiert an diesen beiden Tagen natürlich auch etwas, nicht nur Musikalisches.

Der Samstagabend ist dem Märchenumzug vorbehalten, der von Musikern begleitet wird. Mal mit Drehorgel, mal mit anderen Instrumenten. Vergessen Sie die Lampions nicht! Der eine oder andere selbsternannte Ritter kann sich auf dem Mittelaltermarkt bei Lagerfeuer, Bogenschießen, Kesselsuppe und heißem Met wie zu Hause fühlen. Den Steinweg in Eisenberg schmücken zahlreiche bekannte Weihnachtsfiguren. Für die Erwachsenen klingt der Tag, nein, die Nacht, bei der beliebten Après-Ski-Party ab 23 Uhr aus. Den aktuellen Veranstaltungsort dieser Party finden Sie auf der Website der Stadt Eisenberg.

Eisenberger Nachtweihnachtsmarkt, 1. Adventswochenende Fr 17–24, Sa 15–24 Uhr
Eisenberg-Information, Markt 26, 07607 Eisenberg (im Stadtmuseum „Klötznersches Haus"), Tel. 036691 73-454, www.stadt-eisenberg.de
Anfahrt: A 9 München–Berlin, Abfahrt Eisenberg oder via B7.

1
6
9
12

15

14 Adventsmarkt auf Rittergut Endschütz

Die liebliche Gegend des ostthüringischen Schiefergebirges lockt nach Endschütz zum Adventsmarkt in einem klassizistischen Vierseitenhof. Nicht weit entfernt sind Berga/Elster, Weida, Ronneburg und Gera. Wer einmal einen Adventsmarkt erleben möchte, der nicht mit den typischen Buden vollgestellt ist, der sollte unbedingt am Wochenende des 3. Advent zum Rittergut Endschütz fahren. Der dortige Verein und die Rittergutsherrin veranstalten diesen inzwischen schon traditionellen Adventsmarkt in Eigenregie und bieten allerlei Köstlichkeiten, Kuriositäten und kunsthandwerkliche Erzeugnisse, die ihresgleichen suchen. Live-Musik ist genauso beliebt wie die Märchenerzählerin und andere vorweihnachtliche und romantische Überraschungen. Die im früheren Herrenhaus eingerichtete Heimatstube ermöglicht einen Blick in die Geschichte. Auch im einstigen Weinkeller oder der Backstube erleben Sie Vergangenheit pur. In der Backstube werden überdies die heiß geliebten Röhrendatscher zubereitet! Wer übernachten möchte, der hat dazu in liebevoll nostalgisch eingerichteten Zimmern und Ferienwohnungen Gelegenheit. Sie sollten allerdings rechtzeitig buchen.

Rittergut Endschütz
Telefon: 036603/61699, www.rittergut-endschuetz.de
Anfahrt: A 4, Abfahrt Ronneburg, weiter auf L 1362 Richtung Ronneburg, dann L 1081 Richtung Reust und der Ausschilderung nach Russdorf, Pohlen, Jährig und Endschütz folgen.

15

Zu Besuch in der Erfurter Weihnachtsbackstube

Wer die Anfangszeilen aus dem Vorweihnachtslied „Oh es riecht gut" nur liest, dem läuft bereits das Wasser im Mund zusammen. Das Lied stammt aus der Feder der Tanzpädagogin Christel Ulbrich (1908–1996) und gilt heute als eines der bekanntesten „Weihnachtsbäcker-Lieder" und perfekte Einstimmung auf die vorweihnachtliche Plätzchenbäckerei. Dass diese nicht nur in der heimischen Küche möglich ist, lässt sich auf dem Erfurter Weihnachtsmarkt in der Öko-Kinderbackstube eindrucksvoll erleben. Neben den zahlreichen Verkaufständen mit allerlei Köstlichem und Deftigem können in dieser ganz besonderen Backstube vor allem Kinder Weihnachtsgebäck selbst herstellen. Ganz nebenbei erfahren die Jüngsten Wissenswertes über den Öko-Landbau in Thüringen, wie aus Getreide Mehl wird und was Öko-Bauern anders machen als die anderen Landwirte. Erwachsene können sich in der Backstube genauso ihr eigenes Weihnachtsgebäck herstellen und eine vergnügliche Zeit außerhalb der eigenen vier Wände verbringen. Eine tolle Idee für die Weihnachtsfeier und gute Gelegenheit, den Weihnachtsmarktbesuch mit dem adventlichen Plätzchenbacken zu verbinden.

Erfurter Weihnachtsmarkt, Domplatz
Termine unter www.weihnachtsmarkt.erfurt.de
Backtermine für Kindergruppen / Schulklassen; Mo–Fr, vormittags, Anmeldung ab September; Tel. +49 176 79003412
Backen für Groß und Klein (ohne Anmeldung) wochentags ab 15 Uhr / Sa/So ab 10 Uhr
Anfahrt über A4 aus Richtung Dresden: Abfahrt Erfurt-Ost; aus Richtung Eisenach: A 4 Abfahrt Erfurt-West; A 71 aus Richtung Nordhausen, Abfahrt Erfurt-Gispersleben; A 71 aus Richtung Suhl: Abfahrt Erfurt-Bindersleben, jeweils der Ausschilderung Richtung Stadtmitte folgen, kostenlose P+R-Parkplätze an der Peripherie nutzen und mit ÖPNV ins Stadtzentrum fahren.

öko Backstube
öko Backstube
öko Backstube
öko Backs
Johannes

16

Weihnachtsmärkte in Erfurt

In Erfurt ist in der Adventszeit an nicht weniger als elf Plätzen weihnachtliche Stimmung zu erleben – also fast in der ganzen Stadt. Von kleinen, oft etwas versteckten Buden an Kirchen bis zum festlich illuminierten Weihnachtsmarkt am Domplatz – für jeden ist etwas dabei. Thüringens Landeshauptstadt ist zwar das gesamte Jahr über ein beliebtes Ausflugsziel, doch gerade in der Vorweihnachtszeit lohnt sich ein Besuch ganz besonders. Die Fußgängerzonen erstrahlen in festlicher Beleuchtung, die Straßenbahnfahrerinnnen und -fahrer bewegen ihre Fahrzeuge langsamer und vorsichtiger über die Gleise, denn unzählige Menschen pilgern von Weihnachtsmarkt zu Weihnachtsmarkt. Bereits auf dem Bahnhofsvorplatz begrüßen die ersten Stände, auf dem Anger locken Kinderkarussells und der kleine Luthermarkt an der Kaufmannskirche. Nach dem Glühwein auf dem Wenigemarkt lässt sich der stimmungsvolle Adventszauber beim Gang über die beliebte Krämerbrücke einfangen. Die Stände am Fischmarkt bieten Spezielles, wie bspw. Weihnachtskarten und -kalender von Erfurter

Künstlern. Von hier aus erspäht man schon das große vorweihnachtliche Treiben am Domplatz mit der beeindruckenden Pyramide und einigen Fahrgeschäften. Während von den Bühnen weihnachtliche Musik erklingt, kann man sich an zahlreichen Ständen kulinarisch verwöhnen lassen, weihnachtliche Blumenbindekunst im Felsenkeller des Dombergs bestaunen oder einfach mal hinauf auf den Petersberg laufen und von dort aus das Lichtspektakel zu Füßen des altehrwürdigen Doms bewundern.

Die **Weihnachtsmärkte in Erfurt** finden immer von Ende November bis kurz vor Heiligabend statt, genaue Informationen unter https://weihnachtsmarkt.erfurt.de

Anfahrt über A 4 aus Richtung Dresden: Abfahrt Erfurt-Ost, Ausschilderung Richtung Innenstadt folgen; Anfahrt über A 4 aus Richtung Eisenach: Abfahrt Erfurt-West, Ausschilderung Richtung Innenstadt folgen; Anfahrt über A 71 aus Richtung Nordhausen: Kreuz Erfurt-Gispersleben, Richtung Innenstadt; Anfahrt über A 71 aus Richtung Schweinfurt: Abfahrt Erfurt-Bindersleben, Richtung Innenstadt.

Nutzen Sie am besten die **P+R-Parkplätze** an der Peripherie und fahren mit Bus und Bahn in die Innenstadt, die Parkmöglichkeiten in der Innenstadt sind begrenzt und kostenpflichtig.

17 Mit dem Katerexpress gemütlich durch Erfurt

Wie können Sie der Hektik der Vorweihnachtszeit entfliehen? Mit einer Fahrt im Katerexpress durch das weihnachtlich geschmückte Erfurt. Die Erfurter Verkehrsbetriebe bieten in der Adventszeit die Möglichkeit, mit dieser besonderen Bahn gemächlich durch die weihnachtlich geschmückte Altstadt Erfurts zu fahren und dabei Plätzchen und Glühwein zu genießen. Der Katerexpress, eine Straßenbahn aus dem Jahr 1967, die viele Jahre im Liniendienst durch Erfurt fuhr, wurde im Jahr 2003 zu einem Oldtimer mit Vollkomfort umgebaut und bietet 31 Sitzplätze an gemütlichen Zweier-, Dreier- und Vierertischen. Fünf weitere Plätze an der Bar und ein Stehtisch laden zum Verweilen ein.

Infos und Termine unter www.stadtwerke-erfurt.de
Erfurter Verkehrsbetriebe AG, Magdeburger Allee 34, 99086 Erfurt, Tel.: 0361 564-0 (Zentrale).
Start der Tour: Haltestelle „Stadtrundfahrt", Domplatz-Süd; die Fahrt dauert etwa 45 Minuten, Preis (inklusive einem Becher Glühwein und weihnachtlichem Gebäck): 14,- € (im Vorverkauf), Restkarten für 15,- € nach Verfügbarkeit am Fahrzeug.
Karten im Mobilitätszentrum der EVAG am Anger, Öffnungszeiten: Mo–Fr 8:30–19 Uhr, Sa 9:30–15 Uhr
Der Katerexpress ist nicht für die Beförderung von Kinderwagen, Rollstühlen und Fahrrädern geeignet.

18

Winterleuchten im Erfurter egapark

So etwas haben Sie noch nicht gesehen! Jeder weiß, wie ein Baum im Winter aussieht: kahle Äste und Zweige. Wird solch ein Baum ins „rechte Licht" gerückt, scheint er uns ein Wesen aus einer fremden, schönen Welt. Jedes Jahr von Ende November bis Mitte Januar, also in der dunkelsten Zeit des Jahres, verwandeln sich einige Bereiche des Erfurter egaparks in eine faszinierende Landschaft aus leuchtenden Bäumen und Sträuchern, die mit buntem Licht zu einem ganz eigenen Leben erweckt werden. Beim Winterleuchten beeindrucken sensationelle Lichtinstallationen, Gewächse und Gebäude erstrahlen in warmen, bunten Tönen, kunstvolle Lichtobjekte und klangvolle Arrangements säumen die Wege. Das ist absolut sehenswert! Tauchen Sie ein in eine winterliche Lichterwelt, erschaffen und installiert vom Lichtgestalter Wolfgang Flammersfeld. Von den tropischen Schauhäusern über Philippswiese, Mainz- und Gräsergarten bis zu den beiden Geschütztürmen der einstigen Festung Cyriaksburg leuchtet eine bunte Fantasiewelt. Selbstverständlich wird mit winterlichen kulinarischen Genüssen auch für das leibliche Wohl gesorgt und ein Begleitprogramm rundet den Besuch des Winterleuchtens im egapark ab.

Weitere **Informationen** unter www.egapark-erfurt.de
Tel.: 0361 564 37 37
Ende November bis Mitte Januar, Gothaer Straße 38, 99094 Erfurt

Öffnungszeiten: So–Do 17–20 Uhr, Fr/Sa 17–21 Uhr, 24.12. und 31.12. geschlossen

Eintritt: Erw. 5,- €, Kinder (7–16 J.) 2,- €, Kinder bis 6 J. frei. Einlass zum Winterleuchten ab 16 Uhr ausschließlich über den Besuchershop am Haupteingang. Die Beleuchtung beginnt um 17 Uhr!
Letzter Einlass: 30 Minuten vor Veranstaltungsende.

Anfahrt: A 71, Abfahrt Erfurt-Bindersleben, weiter Richtung „Messe Erfurt/egapark", ausreichend Parkplätze vorhanden.

19

Florales zur Weihnachtszeit

Sobald der Erfurter Weihnachtsmarkt auf dem Domplatz seine Pforten geöffnet hat, stehen auch die Türen der mittelalterlichen Gewölbe des Felsenkellers unterhalb des Domberges weit offen und laden zum Sehen und Staunen ein. Entfliehen Sie doch mal kurz dem Gewühl des Weihnachtsmarktes. Jedes Jahr präsentieren Floristen aus Thüringen und ganz Deutschland direkt neben dem bunten Markttreiben auf dem Domplatz die Ergebnisse ihre fantasievollen und außergewöhnlichen Blumenbindekünste in den mittelalterlichen Gewölben des Felsenkellers. Natürlich passen all diese meisterlich gestalteten Kreationen zur Jahreszeit: Adventskränze, festlich geschmückte Weihnachtsbäume, Krippen, Pyramiden und allerlei anderes Weihnachtliches ergeben ein stimmungsvolles Ambiente – das ist wirklich der Zauber der Adventszeit! Die Anregungen für Ihre eigene Weihnachtsdekoration zu Hause können Sie kostenlos mitnehmen.

Informationen unter www.egapark-erfurt.de
Florales zur Weihnachtszeit, Felsenkeller am Domplatz Erfurt
Öffnungszeiten: während des Erfuter Weihnachtsmarktes bis 2. Weihachtsfeiertag, tgl. ab 10 Uhr.
Anfahrt: A 4 Erfurt-Ost bzw. Erfurt-West, Richtung Innenstadt; A 71: Abfahrt Erfurt-Bindersleben, Richtung Innenstadt.
Nutzen Sie bitte die **P+R-Parkplätze** an der Peripherie und fahren Sie mit Bus und Bahn in die Stadt. Dort sind die Parkmöglichkeiten begrenzt und kostenpflichtig.

20 Rhöner Weihnacht in Geisa

Am zweiten Adventssamstag findet im Geisaer Kulturhaus die Rhöner Weihnacht statt. Erleben Sie weihnachtliche Musik, dargeboten von Schülern der Musikschule Wartburgkreis.

Einst eine Kleinstadt im Todesstreifen an der innerdeutschen Grenze, rückte Geisa nach der Wende in die Mitte Deutschlands. Ohne Passierschein und Sondergenehmigung dürfen und sollten nun alle dieses zauberhafte Städtchen in der thüringischen Rhön besuchen. Erst recht in der Vorweihnachtszeit, wenn die Schüler der Musikschule Wartburgkreis ihren traditionellen Auftritt zur Rhöner Weihnacht haben. Im Kulturhaus treten zunächst fortgeschrittene Musikschüler mit ihren Instrumentalbeiträgen auf. Nach einer Pause, in der Sie sich stärken können, folgen die „Anfänger", die vielleicht ihren allerersten öffentlichen Auftritt haben. Höhepunkt der Rhöner Weihnacht sind die Auftritte ehemaliger Schüler, die die Musik zu ihrem Beruf gemacht haben. Umrahmt wird die Veranstaltung von Beiträgen der Musikschul-Bigband, des Jugend-Blasorchesters, des Streichorchesters und anderer Instrumentalgruppen der Musikschule.

Alle Eintrittsgelder kommen der Musikschule Wartburgkreis zugute, die damit die Ensemblearbeit unterstützt. Zum Schluss singen alle Gäste und Mitwirkenden gemeinsam das Weihnachtslied „Oh, du fröhliche". Ein schöner, ein musikalischer Abend findet damit einen besinnlichen Abschluss und alle gehen frohen Sinnes nach Hause und freuen sich auf Weihnachten.

Rhöner Weihnacht, Kulturhaus Geisa, Bahnhofstraße 8, 36419 Geisa
immer am zweiten Adventssamstag, 19:30 Uhr
Infos unter www.geisa.org
Anfahrt: A 4, Abfahrt Friedewald, in Friedewald auf die B 62 Richtung Vacha. Dort auf die B 84 Richtung Buttlar abbiegen. Hinter Buttlar auf B 278 abbiegen und weiter bis Geisa.

Rhöner Weihnacht
stz
Südthüringer Zeitung
Wartburg
Sparkasse

21

Der Nikolaus fährt Eisenbahn

Für gewöhnlich stapft der Nikolaus durch den Schnee und verteilt seine Gaben in fein geputzen Schuhen und Stiefeln. Doch wenn er seine heimliche, nächtliche Tour durch die Häuser beendet hat, setzt er sich in die Eisenbahn und fährt vergnügt nach Gera. Der Brauch, am 6. Dezember, dem Namenstag des Heiligen Nikolaus, kleine Geschenke in den frisch gewienerten Schuhen zu verstecken, ist uralt. Mit der Figur des Nikolaus verknüpfte Legenden und Bräuche sind seit dem frühen Mittelalter belegt. Bei manchen Familien erscheint er sogar persönlich und fragt die Kinder, ob sie auch artig waren. Mitunter hat Nikolaus einen Begleiter, den Krampus, mancherorts auch Knecht Ruprecht genannt.

Doch wie kommt Nikolaus nun in die Eisenbahn? Alljährlich am 6. Dezember gibt es in Thüringen eine Sonderfahrt mit dem sogenannten Nikolaus-Express. Dies ist ein Traditionszug der DB AG, der von einer Dampflokomotive gezogen wird. Das allein wäre schon ein Grund, mit dem Nikolaus-Express mitzufahren und vor der Abfahrt das Zischen des Dampfes und die wundervolle Technik der alten Dampflok zu bestaunen. In Erfurt, Weimar, Jena-West, Jena-Göschwitz, Stadtroda und Hermsdorf-Klosterlausnitz kann die ganze Familie einsteigen und bis zum Bahnhof in Gera fahren. Unterwegs werden die Kinder mit kleinen Geschenken überrascht, die natürlich von keinem Geringeren als Nikolaus selbst verteilt werden. In Gera angekommen, lohnt sich ein Besuch des Märchenmarktes, der ab 10 Uhr geöffnet ist. Nach Hause fährt man dann mit den „normalen" Zügen der Deutschen Bahn oder anderer Anbieter, die Rückfahrt ist aber im Ticketpreis inbegriffen. Da der Nikolaus-Express sehr beliebt ist, ist eine rechtzeitige Buchung empfehlenswert.

Infos und Buchung: bahnnostalgie-thueringen.de/reiseziele/nikolaus-express.html
Ticket-Hotline: 0361 227 5 227
Fahrttag: 6. Dezember, Abfahrt in Erfurt 9:22, Weimar 9:44, Jena-West 10:05, Jena-Göschwitz 10:11, Stadtroda 10:20, Hermsdorf-Klosterlausnitz 10:31, Ankunft in Gera 11:09.
Ticketpreis: Erw. 16 €, Kinder bis 14 J. 7 €

15
2

22

Weihnachtskerzen nach Wunsch – JEKA-Kerzen aus Gotha

Eine Jahreskerze, Kerzen für den eigenen Geburtstag, die Hochzeit oder für andere Anlässe? Kein Problem! Die Kerzenfabrik in Gotha fertigt verschiedene Kerzen und bietet überdies vielfältige Dekorationsprodukte an, mit denen Sie Ihre Kerzen individuell verzieren können.

Wer hätte nicht gern seine selbst gestaltete Kerze zu Hause, die flackernd die langen, dunklen Winterabende erhellt? Sollten Sie Fragen zur Kerzenherstellung haben oder etwas ganz Besonderes zur Hochzeit

oder Taufe suchen, die MitarbeiterInnen der Kerzenfabrik stehen Ihnen gern Rede und Antwort. Anschließend können Sie im Werksverkauf nach Herzenslust einkaufen, damit Ihnen zu Hause ein Licht aufgeht. Wenn Sie Wünsche haben, was die individuelle Gestaltung angeht, lassen Sie es die Mitarbeiter wissen. Was machbar ist, wird gemacht.

JEKA Kerzen GmbH (vormals Gothaer Kerzenfabrik), Heutalsweg 7, 99867 Gotha, www.jeka.com/werksverkauf/gth.html
Tel.: 03621 30370

Öffnungszeiten Werksverkauf: Mo–Fr 7:30–16 Uhr, Okt.–Dez. Sa 9–12 Uhr

Anfahrt: A 4, Abfahrt Gotha, der B 247 Richtung Bad Langensalza folgen bis Höhe Hauptfriedhof Gotha, dort nach links in den Heutalsweg abbiegen.

23 Weihnachtlicher Kunst- und Genießermarkt im Sommerpalais Greiz

Ein Adventsnachmittag im Sommerpalais? In Greiz ist das kein Widerspruch. Das Greizer Sommerpalais ist zwar das ganze Jahr über geöffnet, doch gerade der Weihnachtsmarkt in diesem herrschaftlichen Ambiente macht einen Besuch besonders reizvoll. Die Errichtung des Palais' geht wohl auf das Ende der 1760er-Jahre zurück. Auf Plänen aus dieser Zeit ist zu sehen, dass es im denkmalgeschützten Greizer Park an der Stelle, wo heute das Sommerpalais steht, bereits zuvor ein dreiflügeliges Gebäude gab. Die Hauptfassade und der Giebel sind mit dem reußischen Wappen geschmückt, ein Spruchband gibt das Motto des Hauses bekannt: „Maison de belle retraite", was „Haus der schönen Zuflucht" bedeutet. Schön und ruhiger als im trubeligen Restjahr ist es auch im Advent. Daher gibt es am Samstag des zweiten Adventswochenendes im Gartensaal des Sommerpalais' einen Kunst- und Genießermarkt. In einladender Atmosphäre präsentieren Künstler und Händler ihr Angebot, das Keramik, Grafik, Holz, Textilien, Accessoires und Bücher umfasst. Hier finden Sie bestimmt etwas für Ihre Lieben daheim. Genießer kommen ebenfalls auf ihre Kosten, denn eine erlesene Auswahl an Gebäck und Pralinen wird an diesem Tag genauso präsentiert wie leckere Speisen und Getränke, die das Angebot abrunden und auf eine besinnliche und freudvolle Advents- und Weihnachtszeit einstimmen.

Kunst- und Genießermarkt im Sommerpalais Greiz am Samstag des 2. Advent, 10–17 Uhr, www.sommerpalais-greiz.de

Greizer Park, 09793 Greiz

Anfahrt: A 9 bis Ausfahrt Lederhose, weiter auf B 175 bis hinter Weida, dort auf die B 92 bis Neukurtschau und auf B 94 bis Greiz
Parkplätze in der näheren Umgebung vorhanden.

24

Weihnachtsmarkt in Heiligenstadt

Jedes Jahr verwandelt sich die Innenstadt Heiligenstadts mit handgemachten Dekorationen aus natürlichen Materialien, unzähligen Lichtern sowie liebevoll von Kindern geschmückten Weihnachtsbäumen auf und neben den Wegen in einen wahren vorweihnachtlichen Augenschmaus. Das stimmungsvolle Flair können Sie fast den gesamten Dezember hindurch genießen. Der eigentliche Weihnachtsmarkt findet immer am 2. und 3. Adventswochenende statt. Dann dominieren die Weihnachtskrippe mit ihren lebensgroßen Holzfiguren und die neun Meter hohe Pyramide den Marktplatz. Ein vielfältiges Programm auf den Bühnen im Barockgarten und auf dem Marktplatz wird geboten, wo Chöre und Tanzgruppen auftreten, weihnachtliche Blasmusik zu Gehör kommt und Theaterstücke aufgeführt werden – für jeden

Geschmack ist etwas dabei. Die jüngeren Gäste überrascht der Nikolaus, der selbstverständlich nicht ohne kleine Geschenke daherkommt. Daneben gibt es auch noch ein Weihnachtskino und ein Karussell, den Märchenkeller und die Weihnachtsdisko. Für Ihr leibliches Wohl ist natürlich gesorgt: Typische Eichsfelder Spezialitäten fehlen genauso wenig wie Glühwein und Punsch. Die Händler an den Ständen auf dem Marktplatz bieten allerlei Kunsthandwerkliches. Genau die richtige Mischung für eine entspannte und stimmungsvolle Vorweihnachtszeit.

Tourist-Information Heilbad Heiligenstadt, Marktplatz 15,
37308 Heilbad Heiligenstadt
www.heilbad-heiligenstadt.de
Tel.: 03606 677 903

25

Hellinger Weihnachtsscheune

Eine wahre Miniatur-Weihnachtswelt hat sich der Bastler und Tüftler Ernst Langert in seiner Scheune aufgebaut. Staunen Sie über die mehr als 500 bewegten Weihnachtsmänner und allerlei andere Figuren, die diese Weihnachtsscheune bevölkern. Immer am Sonntag des 1. Advent öffnen sich um 13 Uhr die Türen der Weihnachtsscheune Hellingen (bei Bad Colberg-Heldburg) – und das schon seit 15 Jahren! Schon an der Fassade der Scheune werden Sie eingestimmt auf das, was im Innern der Scheune selbst die „alten Hasen" unter den Miniatur-Liebhabern überraschen wird: ein dicht bevölkertes, vor buntem Glanz und Bewegung überbordendes Weihnachtsland mit über 500 verschiedenen Weihnachtsmännern, Weihnachtsfrauen, Märchen- und Tierfiguren. Natürlich ist Rudolph, das rotnasige Rentier, mit von der Partie. Mehr als 35.000 weiße und bunte Lämpchen tauchen die Scheune in ein ganz besonderes Licht. Weihnachtlich-musikalische Darbietungen gibt es ebenfalls, entweder vor der Scheune oder aus den Dachfenstern heraus. Ein Glas Kinderpunsch oder einen Glühwein anzubieten, gehört für Ernst Langert zur Gastfreundschaft dazu. Wenn sich die Pforten der Weihnachtsscheune in Hellingen am Dreikönigstag um 18 Uhr schließen, freuen sich alle schon auf das nächste Mal.

Weihnachtsscheune Hellingen, Straße der Einheit 26, 98663 Hellingen
Infos: Ernst Langert, Tel.: 03687129022
Öffnungszeiten: 1. Advent (Sonntag) bis Heilige Drei Könige (6. Januar), Mo–Fr 15–18 Uhr, Sa/So/Fei 13–18 Uhr
Eintritt frei
Anfahrt: A 73, Abfahrt Eisfeld-Süd, Richtung Bad Colberg, Heldburg.

26 Weihnachtsmarkt in Jena

Die einzigartige Kulisse des restaurierten Marktplatzes lockt zahlreiche Gäste auf einen der schönsten Weihnachtsmärkte in Thüringen: Jena. Mit dem Anschnitt des vier Meter langen Riesenstollens wird der Weihnachtsmarkt in der Saalestadt, der seit über 200 Jahren nicht nur Einheimische erfreut, offiziell eröffnet. Bereits eine Woche vor dem 1. Advent präsentiert sich der Marktplatz in der Altstadt im Weihnachtschmuck. Über 100 liebevoll dekorierte Stände locken mit regionaler Gastronomie, Kunsthandwerk und Geschenkartikeln. Sie finden hier auch einen Weihnachtsbaumverkauf, bei dem Sie vielleicht den schönsten Baum aller Zeiten erhaschen. Auf dem Eichplatz, keine 100 Meter entfernt, präsentieren sich Thüringens größte Weihnachtspyramide und zahlreiche Fahrgeschäfte auf dem Weihnachtsrummel. Rund um Johannistor und Pulverturm lädt vom 18. November bis 15. Dezember ein stimmungsvoller historischer Weihnachtsmarkt ein. Märchenerzähler und mittelalterliche Darbietungen versetzen Sie in eine längst vergangene Zeit. Spannende Geschichten, Weihnachtshits und Puppenspiele erleben Sie an den vier Adventswochenenden in der Bohlenstube der Jena Tourist-Information, Markt 16, und in der Rathausdiele. Für das Programm zeichnen Vereine, Theater und Verbände verantwortlich; Veranstalter: JenaKultur. An den Wochenenden sorgen ein ausgewogenes Bühnenprogramm und ein extra Programm für die Kleinen für die richtige Adventsstimmung. Weihnachtliche Klänge ertönen täglich um 17 Uhr vom Rathaus auf dem Marktplatz, wenn die Turmbläser des traditionsreichen Blasmusikvereins Carl Zeiss Jena e. V. aufspielen.

Jenaer Weihnachtsmarkt auf dem Marktplatz
Montag vor dem 1. Advent bis kurz vor Heiligabend
tgl. 10–21 Uhr (Händler bis 20 Uhr)
www.jenakultur.de
Historischer Weihnachtsmarkt zwischen Johannistor und Pulverturm
vom 18.11. bis 15.12. tgl. 11–21 Uhr, genaue
Termine unter www.jenakultur.de
Anfahrt: A 4, Abfahrt Jena-Zentrum, der B 88 Richtung Stadtzentrum folgen
Parkplätze z. B. Tiefgarage Holzmarkt, CityCarreeParkplatz,
Parkhaus Neue Mitte.

27

Weihnachtsmarkt der Wünsche auf der Leuchtenburg

Die rund 1.000 Jahre alte Leuchtenburg in der Nähe von Kahla lädt in der Adventszeit zu einem „Weihnachtsmarkt der Wünsche" ein. Die Burg verwandelt sich in einen Weihnachtsort, der Burghof erstrahlt am 2. und 3. Adventswochenende im festlichen Lichterglanz unzähliger Sterne und Lichterketten. In den kleinen, mit Weihnachtsmotiven und Tannengrün liebevoll dekorierten Büdchen gibt es handgefertigte Waren von Kunsthandwerkern aus ganz Thüringen, Spielzeug, Schmiedekunst und vieles mehr. Auch Kulinarisches wird angeboten wie etwa Thüringer Wurstwaren, Käse und allerlei süße Leckereien. In der Porzellanlounge ist die Weihnachtsbäckerei zu finden, in der vor allem die Kinder beim Zubereiten von Weihnachtsgebäck viel Spaß haben. An den Ständen der Kunsthandwerker kann man zusehen, wie zum Beispiel aus einem Stück Holz ein Ritterschwert entsteht oder wie aus Mistelzweigen ein hübsches Sträußchen wird. Selbstverständlich fehlt auf dem „Weihnachtsmarkt der Wünsche" weihnachtliche Musik genauso wenig wie kleine Theaterstücke. Kinder können auf dem Rücken der Ponys die nähere Umgebung der Burg erkunden oder in der hauseigenen Weihnachtskrippe die Zicklein streicheln. Im Preis inbegriffen ist ein Besuch der Porzellanwelt, der interessanten und faszinierenden Dauerausstellung auf der Leuchtenburg zur Geschichte des Porzellans. Und warum heißt der Markt auf der Leuchtenburg „Weihnachtsmarkt der Wünsche"? Schreiben Sie Ihren innigsten Wunsch mit unsichtbarer Tinte auf einen Porzellanteller und gehen damit auf den „Steg der Wünsche". Am Ende des Steges lassen Sie Ihren Wunschteller aus etwa 20 Meter Höhe in die Tiefe fallen. Wenn der Teller zerschellt, materialisiert sich Ihr Wunsch – denn Scherben bringen Glück!

Leuchtenburg, Dorfstraße 100, 07768 Seitenroda
Tel.: 036424 7133-00, www.leuchtenburg.de
Weihnachtsmarkt: 2. + 3. Adventswochenende, Sa/So 11–18 Uhr
Eintritt: Erw. 7,- €, Kinder frei, Besuch der Porzellanwelten ist im Preis enthalten.
Anfahrt: A 4, Abfahrt Jena-Göschwitz, B 88 Richtung Kahla, in Kahla der Ausschilderung zur Leuchtenburg folgen.

28 Weihnachtskugeln selber blasen? Aber ja! In der Farbglashütte Lauscha

Ein schön geschmückter Weihnachtsbaum bringt nicht nur Kinderaugen zum Leuchten. Wichtigster Baumschmuck sind zweifelsohne die Kugeln, die es in allen Farben, Formen und verschiedenen Materialien zu kaufen gibt. Manchmal bekommt man eine ganz besondere Kugel geschenkt und sie wird als Unikat mit großer Sorgfalt behandelt. Beliebt ist der gläserne Baumschmuck aus Thüringen, denn hier wurde er Mitte des 19. Jahrhunderts erfunden. Belegt ist ein Auftrag über „sechs Dutzend Weihnachtskugeln" in verschiedenen Größen aus dem Jahr 1848. Nun stellen Sie sich vor, Sie würden das Thüringer Original, die gläserne Kugel, selbst blasen und gestalten! Dieser Traum ist zum Greifen nah in der ELIAS Farbglashütte Lauscha, der ältesten Glashütte des Ortes, die seit 1853 kontinuierlich Glasprodukte in Handarbeit herstellt. Ganzjährig kann die Farbglashütte besichtigt und das traditionelle Handwerk des Glasmachens und -blasens bestaunt werden. Doch das Faszinierendste ist wohl, wenn dann unter Anleitung eines Glasbläsers die erste eigene Weihnachtskugel Gestalt annimmt. Schöner kann man sich kaum auf das Fest der Feste vorbereiten. Für nur 5,50 € pro Stück nehmen Sie Ihre selbst hergestellten Kugeln mit nach Hause und können natürlich auch Ihre Freunde und die Familie mit diesen einzigartigen Glaskunstwerken überraschen.

ELIAS Farbglashütte Lauscha, Straße des Friedens 46, 98724 Lauscha
Tel.: 036702 179970, www.farbglashuette-lauscha.de

Öffnungszeiten: Mo–Sa 10–17, So/Fei 11–17, Heiligabend und Silvester 10–14 Uhr

Wichtig: vor dem Kugelblasen müssen Sie ein Formular mit Verhaltens- und Sicherheitshinweisen ausfüllen und unterzeichnen.

Anfahrt: A 71, Abfahrt Ilmenau-Ost, auf B 88 Richtung Gehren, dort weiter auf L 1047 Richtung Neuhaus a. Rennweg, dort auf L 1145 Richtung Lauscha. Es gibt ausreichend Parkplätze an der Farbglashütte.

29

Kugelmarkt in Lauscha

Jeweils am ersten und zweiten Adventswochenende präsentieren die Lauschaer Glasbläser ihre Produkte auf dem Kugelmarkt, einem Spezialmarkt für Glasbläserkunst. Falls Sie es nicht zum Kugelblasen geschafft haben und noch Christbaumschmuck benötigen, finden Sie hier auf jeden Fall etwas Passendes. Besonders besuchenswert ist der Hüttenplatz im Zentrum Lauschas mit einer riesigen Auswahl an Christbaumschmuck. Entlang der „Glasmeile" haben Sie Gelegenheit, den Glasbläsern in vielen kleinen Werkstätten bei der Arbeit zuschauen. Besonderer Clou: In der ELIAS Farbglashütte gibt es an diesen beiden Adventswochenenden einen „Naschbaum" für die Kinder. Innere Einkehr und Besinnung finden Sie in der von 10 bis 18 Uhr geöffneten Stadtkirche Lauscha. Im Kirchencafé werden Sie jeweils ab 14 Uhr bewirtet. Sie können auch an diesem Tag in der Farbglashütte noch Ihre Weihnachtskugeln selbst herstellen (siehe Tipp 27) oder sich in einer der Lauschaer Gaststätten für die Rückreise stärken.

Touristinformation der Stadt Lauscha, Straße des Friedens 46, 98724 Lauscha, www.coburg-rennsteig.de/de/infos-service/partner/tourist-infos/touristinformation-lauscha

Tel.: 036702 22944

Lauschaer Kugelmarkt: 1. + 2. Adventswochenende, Sa/So 10–18 Uhr

Anfahrt: A 71, Abfahrt Ilmenau-Ost, auf B 88 Richtung Gehren, dort weiter auf L 1047 Richtung Neuhaus a. Rennweg, dort auf L 1145 Richtung Lauscha, Parkplätze ausreichend vorhanden.

30 Historischer Adventsmarkt auf Burg Liebstedt

Auf der Ordensburg Liebstedt, einem steinernen Zeugen des Mittelalters, waren einst die Ritter des Deutschordens zu Hause. Bereits im 10. Jahrhundert errichtet, ist sie die einzige erhalten gebliebene Burg des Deutschen Ordens in Deutschland und war eine sogenannte Durchgangsburg auf der Kupferstraße, die von Hamburg nach Venedig führte.

Hier findet seit einigen Jahen einer der jüngsten Adventsmärkte Thüringens statt. Immer am Wochenende des 1. Advent laden Händler, Ritter und mittelalterliche Handwerker auf den Burghof und in die Burg selbst ein, um ihre Angebote zu bestaunen. Ritterspiele, Burgführungen und Darbietungen mit historischen Waffen erlauben Ihnen Einblicke in die Vergangenheit. An den Marktständen bieten die Händler allerlei Waren an, die vielleicht noch einen Platz unter Ihrem Weihnachtsbaum finden. Natürlich ist auch für das leibliche Wohl gesorgt.

Ordensburg Liebstedt, Berggasse 95, 99510 Liebstedt
Tel.: 036461 930 372, www.burg-liebstedt.de
Adventsmarkt am 1. Advent: Sa/So 10–18 Uhr
Eintritt: 3 Euro, Kinder frei
Anfahrt: A 4, Abfahrt Apolda, weiter auf B 87 Richtung Apolda. Nach Schwabsdorf nach links abbiegen Richtung Ullrichshalben/ Oßmannstedt, weiter Richtung Liebstedt.

31

Luisenthaler Weihnachtsmarkt

Am Wochenende des 2. Advent verwandelt sich der Hof einer Luisenthaler Holzhandlung in einen hübschen Advenstmarkt. Auf dem Holzhof laden Stände mit typischen Adventsprodukten und schöner Handwerkskunst zum Schauen, Staunen und Kaufen ein. Ein großes Lagerfeuer in der Mitte des Platzes sorgt für stimmungsvolle Beleuchtung und Wärme, kulinarische Spezialitäten verbreiten verführerischen Duft.

Für die Kinder des Luisenthaler Kindergartens ist der Weihnachtsmarkt, der von der Stadt und den örtlichen Vereinen organisiert wird, der Höhepunkt des Jahres. Das über Wochen einstudierte Programm kann endlich vor Publikum aufgeführt werden! Natürlich kommt auch der Nikolaus zu Besuch und verteilt kleine Geschenke. Wer noch keinen Weihnachtsbaum hat, kann sich in Luisenthal direkt auf dem Weihnachtsmarkt den schönsten Baum aussuchen. Verschiedene Bläserensembles sorgen für den musikalisch-stimmungsvollen Rahmen.

Touristeninformation: Siedlung 12, 99885 Luisenthal, Tel.: 036257 40227, www.luisenthal.de

Luisenthaler Weihnachtsmarkt: 2. Advent, Sa/So 14–19 Uhr

Anfahrt: A 4, Abfahrt Gotha, auf B 247 Richtung Ohrdruf, weiter auf L 3247 bis Luisenthal.

Luisenthaler
Weihnachtsmarkt
2018

32 Meininger Weihnachtsmarkt

Einer der längsten Weihnachtsmärkte Thüringens dauert vom Freitag vor dem 1. Advent bis zum Sonntag des 4. Advent. Meiningen hat auch sonst viele Sehenswürdigkeiten, die das ganze Jahr über zu bestaunen sind. Doch in dieser Zeit entfaltet das südthüringische Städtchen einen ganz besonderen Charme. Bereits vor dem 1. Advent wird gewerkelt, gehämmert und gesägt. Dekorationen und zahllose Lichterketten werden angebracht, damit die Gäste des Meininger Weihnachtsmarktes begrüßt werden können. Rund um die 1.000-jährige Stadtkirche ist der Markt mit seinen Düften und Ständen ein beliebter Treffpunkt für Einheimische und Gäste der Stadt. Wünsche bleiben nicht unerfüllt, denn die Händler und Handwerker bieten für jeden etwas. Natürlich fehlen Glühweinstände genauso wenig wie kandiertes Obst oder gebrannte Mandeln. Der besondere Clou: Auf dem Marktplatz erwartet Sie auch die Eisarena Meiningen, die zwischen Mitte November und Anfang Januar täglich von 10 bis 22 Uhr winterliches Vergnügen bietet. Sie sollten also die Schlittschuhe einpacken. Kunsthandwerk der Spitzenklasse ist am zweiten Adventswochenende im Schloss Elisabethenburg beim mittlerweile schon traditionellen Kunsthandwerkermarkt zu bestaunen. Alles in allem ist ein Besuch Meiningens (nicht nur) in der Vorweihnachtszeit ein Muss.

Tourist-Information: Ernestinerstraße 2, 98617 Meiningen, Tel.: 03693 44650, www.meiningen.de
Öffnungszeiten Weihnachtsmarkt: Mo–Do 11–21 Uhr, Fr–So 11–22 Uhr Händler tgl. 11–19 Uhr
Kunsthandwerkermarkt am 2. Adventswochenende: Sa/So 11–18 Uhr
Eintritt: 3,- € (inkl. Museumsbesuch)
Anfahrt aus Richtung Eisenach: B 19 bis Meiningen, Anfahrt aus Richtung Erfurt: A 71, Abfahrt Meiningen-Nord.

33 Mühlhäuser Advent

Schnee bedeckt die Dächer – zumindest in unserer Idealvorstellung –, verführerische Düfte wehen über die altehrwürdigen Mauern Mühlhausens und warmes Licht hüllt die Divi-Blasii-Kirche auf dem Untermarkt ein. Der Mühlhäuser Adventsmarkt ist am Wochenende des 3. Advent für die ganze Familie ein lohnendes Ziel. Die Kinder freuen sich über Karussells, die Theaterwerkstatt sorgt für Unterhaltung. Ihnen fehlt noch eine zündende Idee, was Sie Ihren Lieben auf den Gabentisch legen könnten? Lassen Sie sich doch von den Händlern und Kunsthandwerkern inspirieren und verführen! Stöbern Sie an den Ständen, probieren Sie das leckere Weihnachtsbrot, frisch aus dem Backofen, oder ein Stück Baumkuchen, der über dem offenen Feuer vor Ihren Augen gebacken wird. Zum Schluss ein Gläschen Glühwein, und die Vorfreude auf das Weihnachtsfest wird größer und größer. Chöre, Bläsergruppen und Musikschulen präsentieren weihnachtliche Weisen und leise flüstert ein Winterwind: Es ist Advent – Advent in Mühlhausen.

Touristinformation Mühlhausen, Ratsstraße 20, 99974 Mühlhausen, Tel.: 03601 40477-0, www.muehlhausen.de

Adventsmarkt auf dem Mühlhäuser Untermarkt: 3. Advent, Do ab 14, Fr–So ab 11 Uhr

Anfahrt aus Richtung Eisenach: A 4, Abfahrt Eisenach-West, weiter auf B 19 Richtung Mühlhausen, an Abfahrt Eisenach-Mitte auf L 1016 abbiegen, Richtung Neukirchen/Mihla. Anfahrt aus Richtung Gera/Jena: A 4, Abfahrt Erfurt-Vieselbach, Richtung Erfurt, Innenstadt, der B 7 folgen bis Abfahrt Erfurt-Nord, dort auf A 71 Richtung Schweinfurt, bis Abfahrt Erfurt-Gispersleben, dort auf B4 Richtung Mühlhausen/Nordhausen, vor Andisleben auf B 176 Richtung Mühlhausen abbiegen, Bad Langensalza auf B 84/B 247 umfahren und weiter auf B 247 bis Mühlhausen.

34

Nordhäuser Weihnachtsmarkt

Rund um den Roland auf dem Nordhäuser Rathausplatz lockt der größte und längste Weihnachtsmarkt Nordthüringens alljährlich die Besucher in die Stadt. Lichterglanz, Leckereien, Kunsthandwerk, Weihnachtsmusik, Weihnachtsmann und vorweihnachtliche Stimmung sowohl auf dem traditionellen Weihnachtsmarkt als auch auf dem Theaterplatz sind ein guter Grund, wieder einmal nach Nordhausen zu fahren. Traditionell eröffnet der Oberbürgermeister den Nordhäuser Weihnachtsmarkt mit dem Stollenanschnitt. Stimmungsvolles Ambiente mit mehr als tausend Lichtern, Sternen, Holz und Tannengrün erwartet Sie auf dem traditionellen Weihnachtsmarkt vor dem historischen Rathaus. Gastronomen und Schausteller sorgen mit Gebäck- und Zuckerhütten, Imbissständen sowie Ausschankbetrieben für ein rundum gelungenes Adventserlebnis. Daneben bieten Händler, Handwerker und Kunsthandwerker ihre Waren und Artikel an, zum Beispiel Kerzen und Tonprodukte, Genähtes, Aufgearbeitetes, Gebasteltes und Artikel aus der Stockmacherei oder Holzdrechslerei. Highlights für die Kinder sind Wunschbriefkasten, Kinderkarussell, der Märchenwald auf dem Lutherplatz und die Modelleisenbahn im Foyer des Alten Rathauses.

Während des Weihnachtsmarktes können Sie täglich um 18 Uhr weihnachtliche Bläsermusik genießen, die vom Turm des Alten Rathauses erklingt. Auch der Theaterplatz ist in das vorweihnachtliche Treiben einbezogen: Ab 1. Dezember wird jeden Tag ein Türchen des Adventskalenders am Theater geöffnet. Wer es lieber sportlich mag, dem sei die Eisbahn empfohlen. Sie ist während des Weihnachtsmarktes geöffnet und Sie können wählen zwischen Eisstockschießen und ein paar Runden auf den Kufen.

Weihnachtsmarkt: So/Do 13–20, Fr/Sa 13–21 Uhr geöffnet;
Weihnachtsmann vor Ort: Sa/So 16–18 Uhr, Nikolaus am 6.12. 16–18 Uhr, www.nordhausen.de, Tel.: 03631 696-797
Handwerkermarkt: Sa/So 15–18 Uhr, Blasii-Kirchplatz
Anfahrt: A 38, Abfahrt Heringen/Nordhausen-Nord, Landstraße L 3080 oder Abfahrt Nordhausen, B 4 oder Abfahrt Werther, L 3080 in Richtung Stadtzentrum folgen.

35 Advent an der Bergbahn – Weihnachtsglanz im Schwarzatal

Fast jeder Thüringer ist schon einmal mit der Oberweißbacher Bergbahn gefahren, von der Talstation in Obstfelderschmiede zur Bergstation in Lichtenhain oder bergab in die andere Richtung. An der Bergstation verwandelt sich am 3. Advent der Bahnhof in einen ganz besonderen Weihnachtsmarkt. Die Romantik ist perfekt, wenn es dann auch noch schneit. Rund um die Bergstation präsentieren regionale Händler ihre Produkte, abgerundet wird alles mit einem musikalischen Programm, natürlich passend zur Vorweihnachtszeit. Sowohl am Samstag als auch am Sonntag wird der Weihnachtsmann zu Gast sein und kleine Geschenke verteilen. Die letzten Wunschzettel an den Weihnachtsmann können die Kinder im Weihnachtspostamt selbst gestalten. Bastelspaß ist im Güterwagen garantiert. Wer der Witterung entsprechend gekleidet ist, dem macht eine Fahrt mit dem Cabrio-Wagen überhaupt nichts aus, zumal „von innen“ mit Glühwein geheizt wird. Wissenswertes können Sie auch noch erfahren, wenn Sie das Maschinarium besuchen, das anschaulich alle technischen Einzelheiten zur Bergbahn erläutert. Das Beste zum Schluss: Die Bergbahn-Steilstrecke wird vom 1. Dezember bis 6. Januar in festliches Licht getaucht und die Waggons sind liebevoll weihnachtlich dekoriert.

www.oberweissbacher-bergbahn.com

DB RegioNetz Verkehrs GmbH Oberweißbacher Berg- und Schwarzatalbahn, An der Bergbahn 1, 98744 Schwarzatal, Tel.: 036705 201-3

Anfahrt mit der Bahn: mit ICE oder IC bis Erfurt oder Saalfeld. Stündlich Fahrtmöglichkeiten nach Rottenbach (ab hier gilt das Bergbahn-Tagesticket) und dort direkten Anschluss zur Oberweißbacher Berg- und Schwarzatalbahn (Gleis 1). Am Haltepunkt Obstfelderschmiede ist der Umstieg zur Bergbahn.

Anfahrt mit dem Auto (Talstation Oberweißbacher Bergbahn): A 71, Abfahrt Ilmenau-Ost, weiter auf B 88 bis Pennewitz, dort Richtung Herschdorf abbiegen, über Mellenbach-Glasbach weiter nach Obstfelderschmiede.

Anfahrt zur Bergstation Lichtenhain: wie vorstehend, aber in Mellenbach-Glasbach Richtung Lichtenhain abbiegen.

Lichtenhain an der Bergbahn

36

Süße Weihnacht – Goethe-Chocolaterie Oldisleben

Von der Ernte der Kakaofrucht bis zur Herstellung zartschmelzender Schokolade: Die Schokoladenstube der Goethe-Chocolaterie gewährt Ihnen Einblicke in eine Welt voller süßer Versuchungen. Schauen Sie den Chocolatiers bei der Herstellung zu, erfahren Sie alles rund um den Kakao, naschen Sie! Süße Versuchungen locken überall in der Chocolaterie, aber Schokolade macht ja bekanntlich auch glücklich. Wie aus den Kakaofrüchten feine Schokolade wird, können Sie in der Schaumanufaktur mit allen Sinnen erleben. Rufen Sie einfach an und vereinbaren Sie eine Führung oder besuchen Sie den täglich stattfindenden 45-minütigen Vortrag, bei dem Sie Interessantes aus der Welt des Kakaos und der Schokoladenherstellung erfahren. Die süßen Kreationen der Chocolatiers schmecken nochmal so herrlich, wenn Sie in der Schokoladenstube bei der Herstellung zugeschaut haben. Zur Adventszeit bietet die Goethe-Chocolaterie verschiedene Veranstaltungen an, bei denen Sie die Naschereien für die langen Abende bei Kerzenschein selbst herstellen können. Falls Sie nicht selbst Hand anlegen wollen: Im Werksverkauf können Sie sich eindecken. Und wie schon gesagt: Schokolade macht glücklich!

www.goethe-chocolaterie.de
Goethe-Schokoladentalermanufaktur, Gewerbegebiet 13,
06578 Oldisleben
Besichtigungen bitte telefonisch vereinbaren – Tel.: 034673/776550
Öffnungszeiten: Mo–Sa 10–17 Uhr, So 13–17 Uhr
Schokoladenvortrag Mo–Fr 15 Uhr, Sa/So 13 Uhr
Preis: 4,50 € p. P.
Anfahrt: B 85 Richtung Bad Frankenhausen.

37

Weihnachtsmarkt auf Schloss Ponitz

Ponitz, ungefähr 20 Kilometer südlich von Altenburg gelegen, hat mit seinem Schloss ein ganz besonderes Kleinod im an Burgen und Schlössern reichen Thüringen. Ursprünglich stand hier eine Wasserburg, die 1574 durch einen Renaissancebau ersetzt wurde. Schon von Weitem können Sie die auffälligen Schweifgiebel des Schlosses ausmachen. Bedeutendster Besitzer des Ponitzer Schlosses war Dr. Wolfgang Conrad von Thumbshirn, der als Diplomat an den Friedensverhandlungen zur Beendigung des Dreißigjährigen Krieges beteiligt war und auch den Vertrag von Münster und Osnabrück mit unterzeichnete. Der Festsaal wird heute vielfältig genutzt. Doch das schönste Highlight des Jahres ist der Weihnachtsmarkt auf dem Schlosshof und im Schloss selbst. Selbstgebackener Kuchen, Glühwein und allerlei Weihnachtliches sind an den Ständen auf dem Schlosshof erhältlich, eine musikalische Umrahmung gibt es natürlich auch. Im historischen Ambiente des Renaissanceschlosses können Sie sich am zweiten Adventswochenende wunderbar auf Weihnachten stimmen.

www.renaissanceschloss-ponitz.de
Schloss Ponitz, Gößnitzer Straße 2, 04639 Ponitz
Tel.: 03764 796364 (Förderverein)
Weihnachtsmarkt am 2. Adventswochenende jeweils ab 14 Uhr
Eintritt frei
Anfahrt: A 4, Abfahrt Schmölln, Richtung Schmölln, an 1. Kreuzung Richtung Heyersdorf/Gösau/Frankenhausen abbiegen und Richtung Ponitz fahren.

Advent

38 Lichterfest in Pößneck

Chorsänger kennen das Phänomen, das beim gemeinsamen Singen entsteht: Man wird von einer wunderbaren Stimmung erfasst und getragen. Musik verbindet. Das funktioniert auch, wenn Laien sich auf einem Platz treffen und gemeinsam singen. Jedes Jahr an Heiligabend strömen die Pößnecker auf dem Marktplatz zusammen, um genau diese Stimmung beim Lichterfest zu erleben. Nach dem Gottesdienst in der Stadtkirche treffen sich die Einwohner Pößnecks auf dem Marktplatz. Das Friedenslicht wird aus der Stadtkirche getragen und dort an unzählige Windlichter und Lampions weitergegeben. Die Menschen singen gemeinsam Weihnachtslieder, halten ihre Lichter in die Höhe und genießen einen friedlichen Moment, der das Herz wärmt.

Das Lichterfest in Pößneck gehört wohl zu den ältesten Festen an Heiligabend in Thüringen, es ist seit dem späten 15. Jahrhundert nachweisbar. Da der Heiligabend die Adventszeit beschließt, habe ich mir erlaubt, dieses Highlight hier mit aufzunehmen. Vielleicht möchte sich der eine oder andere am 24.12. in die Stadt an der Orla aufmachen, sei es allein, mit Familie oder Freunden, um das schönste Fest des Jahres einmal in einer ursprünglichen Weise, dem Gedanken von Weihnachten sehr nah, zu begehen.

Stadtinformation Pößneck, Klosterplatz 2–6, 07381 Pößneck, Tel.: 03647 412295

Anfahrt über A 4: Abfahrt Jena-Göschwitz, B 88 Richtung Kahla bis Naschhausen, weiter auf L1108 Richtung Freienorla/Langenorla; über A 9: Abfahrt Triptis, weiter auf B 281 Richtung Saalfeld.

P

39 Weihnachtsmarkt auf Burg Ranis

Mittelalterliche Burgen bieten die perfekte Kulisse für stimmungsvolle Veranstaltungen, besonders in der Weihnachtszeit. Auf Burg Ranis ist das nicht anders. Am Wochenende des 2. Advent findet der traditionelle Weihnachtsmarkt im Hof der einst wehrhaften Burg statt, die nur über die Ostflanke des Bergplateaus erreicht werden kann, an den anderen Seiten gibt es Steilhänge und schroffe Felswände. Im 11. Jahrhundert eine Grenzveste gegen das Slawenreich, war sie im 13. Jahrhundert im Besitz der Grafen von Schwarzburg, später

Burg Ranis, 07389 Ranis, Tel.: 03647 505491, www.museum-ranis.de
Weihnachtsmarkt am 2. Adventswochenende, Sa ab 13 Uhr, So ab 12 Uhr
Das Burgmuseum ist ab 10 Uhr geöffnet.
Anfahrt: A 4, Abfahrt Jena-Göschwitz, der B 88 Richtung Rudolstadt/Saalfeld folgen bis Naschhausen, dort auf die L 1108 Richtung Freienorla/Pößneck fahren, am Ortsausgang Pößneck auf die L 1104 Richtung Ludwigshof/Ranis fahren.

überließen sie die Burg den Herzögen von Sachsen. Über die Grafen von Brandenburg gelangte die Burg an die Herren von Breitenbauch, die sie ab dem späten 16. Jahrhundert zu einem Schloss umbauen ließen. Seit 1994 gehört die Burg Ranis zur Stiftung Thüringer Schlösser und Gärten.

Der Weihnachtsmarkt auf Burg Ranis ist eine liebgewordene Tradition. Die Burgtore öffnen sich, Händler aus der Region bieten an ihren Ständen Zuckerwatte, Käse, Schmuck, Liköre, Spielwaren, Kerzen, Töpferwaren, Korbwaren, frisch gebackenes Brot und vieles mehr an. Für Speis und Trank ist reichlich gesorgt. Das bunte Markttreiben wird von weihnachtlichen Klängen, Märchenerzählungen und dergleichen umrahmt. Höhepunkt beider Tage ist die Ankunft des Weihnachtsmannes, der jedes Jahr mit einem anderen Fahrzeug auf die Burg kommt.

40 Saalfelder Grottenadvent

Große Räume haben oft eine faszinierende Akustik. Auch Unter Tage gibt es große Räume. In einer der schönsten Thüringer Höhlen, den Feengrotten, erleben Sie weihnachtliche Musik in ungewohnter akustischer Umgebung. Da klingt manch einfaches Weihnachtslied wie ein großes Chorwerk.

Jedes Jahr am Wochenende des 2. Advent lädt ein vorweihnachtliches Markttreiben an und in den Saalfelder Feengrotten zu einem Besuch ein, zu dessen Höhepunkten die musikalischen Aufführungen in den faszinierenden Schaugrotten zählen. Chöre und Gesangsgruppen aus der Region führen vorweihnachtliche Musik auf, die in den riesigen Höhlen eine ganz besondere Atmosphäre erzeugen. Über Tage können Sie auf dem kleinen Adventsmarkt im Feengrottenpark Töpferwaren, Keramik, Bienenprodukte, Korb- und Flechtwaren sowie Kerzen und andere Weihnachtsdekoration erwerben oder einfach über den Markt bummeln. Die Eisfeen und der Grottenwichtel laufen umher und überraschen die Kinder mit kleinen Naschereien. Und vielleicht finden Sie so kurz vor dem Fest noch das eine oder andere Geschenk, eine Fee oder einen Berggeist als Mitbringsel für zu Hause. Für Ihr leibliches Wohl ist natürlich auch gesorgt.

Saalfelder Feengrotten, Feengrottenweg 2, 07318 Saalfeld/Saale
www.feengrotten.de, Tel.: 03671 55 04-0

Öffnungszeiten Grottenadvent: 2. Adventswochenende, jeweils 13–18 Uhr

Anfahrt über A 71: Abfahrt Ilmenau-Ost, weiter auf B 88 bis Schwarza, weiter auf B 85/B281 Richtung Saalfeld; Anfahrt über BAB 9: Abfahrt Triptis, B 281 bis Saalfeld folgen, Ausschilderung Richtung Feengrotten folgen.

Glückauf!
Saalfelder Feengrotten

41

Ein genussvoller Adventskalender – Besuch in der Viba Nougatwelt

Es ist jedes Jahr dasselbe: Ein Adventskalender muss her. Er erhöht die Vorfreude aufs Fest und man sieht auf einen Blick, wie weit dieses noch entfernt ist. Doppelt so viel Spaß macht ein Adventskalender, den man mit selbstgemachten Pralinen bestückt.

Von Mitte Oktober bis zum 1. Dezember bietet die Viba Nougatwelt in Schmalkalden einen außergewöhnlichen Confiserie-Kurs an, bei dem Sie Ihre eigenen Pralinen und Trüffel für einen ganz besonderen und vor allem individuellen Adventskalender herstellen. Natürlich unter fachmännischer Anleitung. Nach Einschätzung der Experten der Viba Nougatwelt ist dieser Kurs „schwer"; vielleicht besuchen Sie im Vorfeld schon einmal einen anderen Kurs, damit der Erfolg nicht ausbleibt. Wie bei allen anderen Mitmach-Kursen können Sie ein „Confiserie-Paket" für 5 € kaufen: eine bestickte Schürze, Confiserie-Haube und Nougat-Schoko-Diplom. Das dürfte auch nach Weihnachen eine schöne Erinnerung sein. Im „Pralinen-Countdown" stellen Sie 25 exquisite Confiserie-Nougat-Pralinen und edle Trüffel her, die auf das Feinste mit Schokolade umhüllt werden. Anschließend nummerieren Sie die einzelnen Pralinen mit flüssiger Schokolade oder verzieren sie ganz nach eigenem Gusto. So wird jede Ihrer Pralinen ein Unikat. Dieser Adventskalender ist ein ganz besonderes Geschenk für Freunde und Verwandte, natürlich dürfen Sie ihn auch selbst vernaschen, aber jeden Tag nur eine Praline.

Viba Nougatwelt, Nougat Allee 1, 98574 Schmalkalden, www.viba-schmalkalden.de, Tel.: 03683 69 21-600

Pralinen-Countdown in der Viba Nougatwelt Schmalkalden: alle benötigten Zutaten und Utensilien werden gestellt, 25 Confiserie-Nougat-Pralinen und Trüffel (zum Mitnehmen), dekorative Pralinenpackung und Dekor, Schürze und Haube werden gestellt (auf Wunsch auch käuflich zu erwerben); Dauer: 90 Minuten,

Preis: Erw. 30,- €, erm. 25,- €,

Anfahrt: A 4, Abfahrt Gotha, weiter auf B 247 Richtung Georgenthal, dort über die B 88 Richtung Tambach-Dietharz und Floh-Seligenthal nach Schmalkalden.

42

Sondershäuser Weihnachtsmarkt

In Sondershausen gibt es rund um den 4. Advent von Donnerstag bis Sonntag den traditionellen Weihnachtsmarkt auf dem Marktplatz. Die Stadt ist weihnachtlich geschmückt, zahlreiche Händler bieten an den Ständen ihre Waren an und musikalisch wird ebenfalls alles geboten, was die Vorweihnachtszeit hergibt. Jedes Jahr strömen viele Menschen in die Musik- und Bergstadt, bewundern die Lichtdekorationen und lassen sich von Chören und Musikgruppen mit weihnachtlichen Melodien unterhalten. Ein Duft von Glühwein und kandierten Äpfeln schwebt über der Stadt und dem Marktplatz. An den Ständen gibt es Handwerkliches, Kulinarisches und Skurriles. Die Kleinsten vergnügen sich beim Karussellfahren und der Weihnachtsmann schaut nachmittags vorbei. Seit vielen Jahren ist der Marktplatz unterhalb des Residenzschlosses der Ort des Geschehens. Für die kommenden Jahre ist der herrliche Schlosshof als Treffpunkt aller Weihnachtsmarktbesucher im Gespräch. Lassen Sie sich also überraschen, wo die nächsten Weihnachtsmärkte in Sondershausen stattfinden. Eines ist aber schon jetzt sicher: Ein Besuch in Sondershausen erhöht die Vorfreude auf das Fest und ist für die ganze Familie ein Erlebnis.

Weihnachtsmarkt in Sondershausen
am 4. Adventswochenende von Do–So, jeweils ab 10 Uhr, Do/So bis 20, Fr/Sa bis 22 Uhr

Touristinformation Sondershausen, Markt 9, 99706 Sondershausen, www.sondershausen.de, Tel.: 0 36 32 78 81 11
Mail: touristinfo@stadt-sondershausen.de

Anfahrt: B 4, Richtung Sondershausen, der Ausschilderung Richtung Stadtzentrum folgen, Parkplätze sind vorhanden.

43

Ins Wintervergnügen nach Steinach

Die Adventszeit birgt auch einigen Stress: Geschenke müssen besorgt, Verwandte eingeladen werden und es gibt jede Menge zu tun, um an Heiligabend und den Weihnachtsfeiertagen alles schön zu haben. Gönnen Sie sich im Advent doch mal eine Auszeit! Bewegung an frischer Winterluft bläst den Kopf frei, Sie können Energie tanken und die Vorfreude auf das Fest wächst. Außerdem wird schon im Advent kräftig zugelangt: Weihnachtsplätzchen, Kekse, Lebkuchen, Stollen sind vielleicht fertig gebacken und das eine oder andere Stückchen bereits verzehrt. Damit der Stress für Magen und Geist nicht überhandnimmt, ist eine Auszeit im Advent genau das Richtige. Warum nicht mal ein erholsameres Winterwochenende einschieben? Sie können dem Alltag entfliehen, Energie tanken und den Kopf frei bekommen. Dazu gibt es im Thüringer Wald genügend Gelegenheiten, ob Skilanglauf, Abfahrt, Rodeln oder Wandern. Auf dem 142 Kilometer langen Fernskiwanderweg Rennsteig können sie romantisches Winterflair erleben. Er verbindet alle Langlaufgebiete der Region. Diese bestehen aus einem exzellent ausgebauten Loipen- und Skiwanderwegenetz mit einer Gesamtlänge von 1.600 Kilometern. Wenn Sie lieber zu Fuß gehen, weil Ihnen die Ski zu rutschig sind, können Sie in gemächlichem Tempo auf den gewalzten Winterwanderwegen die idyllisch verschneite Landschaft genießen. Stets tagesaktuelle Informationen über präparierte Loipen und Skiwanderwege finden Sie im Internet (siehe Infokasten). Neben der sportlichen Betätigung haben Sie natürlich auch Gelegenheit, einfach mal die Seele baumeln zu lassen. Verwöhnen Sie sich und Ihre Lieben mit einem oder mehreren Wellness-Tagen. Unvergesslich werden Ihnen wahrscheinlich ein paar Stunden auf dem Snowbike werden. Snowbike? Wie auf dem Fahrrad, aber eben nicht mit Rädern, sondern mit einem Snowboard unter den Füßen. Das ist die perfekte Alternative für alle, die noch nie auf Skiern standen, aber Rad fahren können. Nach einem Einführungskurs steht Ihnen das Snowbike für den Rest des Tages zur Verfügung. Ein winterlich-vorweihnachtlicher Spaß für die ganze Familie und mit Freunden!

Snowbiken in Steinach

Buchung und weitere Informationen unter www.outdoor-inn.de/portfolio-item/snowbike-thueringen

Kosten: 2 Stunden Einführungskurs mit Trainer ab 2 Personen: 49,- € p. P. inkl. Tagesmiete Snowbike.

Infos zu Langlauf, Abfahrt, Wandern, Wellness: www.thueringer-wald.com/urlaub-wandern-winter/aktiv-im-winter.html

R

44

Griffel- und Weihnachtsmarkt in Steinach

Jedes Jahr am zweiten Adventswochenende bilden das Schloss Steinach und die angrenzende Straße eine ansprechende Kulisse für den besonderen Weihnachtsmarkt in Steinach, den Griffelmarkt. Woher der Name kommt? In vergangenen Tagen rief eine kleine Glocke die Schiefer-Bergleute in Steinach zur Arbeit. Heute haben Sie die Gelegenheit, an selber Stelle auf dem sogenannten Griffelmarkt ein exklusives Geschenk für den Gabentisch daheim zu erwerben. Das Deutsche Schiefermuseum im einstigen Schloss ist mit seinem gesamten Sortiment an Schiefererzeugnissen auf diesem Markt vertreten. Ob Schieferuhren, Schmuck aus dem „grauen Stein" oder, ganz klassisch, die Schiefertafel mit Griffel (daher der Name für den Markt) – bestimmt finden Sie hier ein passendes und außergewöhnliches Geschenk. Seit vor über 400 Jahren die Produktion der nachhaltigen schlanken Schreibgeräte begann, wurden 28 bis 30 Milliarden (!) Griffel in alle Welt verschickt. „Steinacher Griffel waren die besten!", so behaupten es jedenfalls die Steinacher voller Stolz. Neben den klassischen Schieferprodukten bieten auch Händler aus der Region und darüber hinaus ihre Waren an. Der unbestrittene Clou des Marktes ist aber die Weihnachtskrippe mit den lebensgroßen Krippenfiguren, die während der Steinacher Bildhauersymposien gefertigt werden. Als Vorlage dienen über einhundert Jahre alte Weihnachtskrippenfiguren, die nach alter Tradition aus Pappmaché bestehen. Auch die neuen Figuren bestehen aus diesem Material. Und wenn Sie die musikalischen Aufführungen der Jüngsten auf der Bühne des Steinacher Weihnachts- und Griffelmarktes erleben, ist das ein ganz besonderes Highlight.

Griffel- und Weihnachtsmarkt in Steinach
www.steinach-thueringen.de
Touristinformation Steinach, Dr.-Max-Volk-Straße 21, 96523 Steinach, Tel.: 036762 34813
2. Advent-Wochenende: Sa/So 11–19 Uhr, Innenhof Schloss Steinach und Dr.-Max-Volk-Straße
Anfahrt: A 71, Abfahrt Ilmenau-Ost, weiter auf B 88 bis Gehren, weiter auf L 1047 Richtung Oberhammer, dort auf L 1112 bis Limbach, weiter Richtung Steinheid, der Ausschilderung Richtung Steinach folgen.

45

Advent in Tannroda

Ganz in der Nähe von Bad Berka, dessen Ortsteil es ist, lädt das idyllisch gelegene Städtchen Tannroda am zweiten Adventssamstag zu einem besonderen Weihnachtsmarkt ein. Die passende Kulisse bietet Schloss Tannroda mit seinem beeindruckenden Bergfried, auf dessen Hof in liebevoll geschmückten Buden allerlei Geschenke und weihnachtliche Leckereien zu haben sind. Bei einem wärmenden Glühwein und weihnachtlichen Darbietungen auf der Bühne lässt sich ein stimmungsvoller Adventstag genießen.

Weihnachtsmarkt auf Burg Tannroda, 2. Adventssamstag, 14–19 Uhr
Burg Tannroda, Am Schloss, 99438 Bad Berka
IG „Kultur in Tannroda" Mail: kultur@tannroda.de
Bad Berka Touristinformation, Goetheallee 3, 99438 Bad Berka
http://www.bad-berka.de, Tel.: 036458 5790, Mail: info@bad-berka.de
Anfahrt Tannroda: A 4. Abfahrt Erfurt-Ost, Richtung Hohenfelden/Kranichfeld, in Kranichfeld auf B 87 Richtung Bad Berka/Apolda abbiegen.

46 Ein lebendiger Adventskalender in Themar

Adventskalender kennen wir in Deutschland seit dem Beginn des 20. Jahrhunderts. Besonders Kindern wurde die Wartezeit auf Weihnachten mit diesen Kalendern verkürzt. Um 1920 gab es dann die ersten Adventskalender mit aufklappbaren Türchen. In Themar öffnen sich seit einigen Jahren ebenfalls Türchen im Advent. Doch sind es hier ganz reale Haustüren.

Ab Anfang Dezember steht an jedem Tag die Tür eines anderen Hauses offen, jeder Themarer Bürger, jeder Gast der Stadt ist willkommen. Man singt gemeinsam vorweihnachtliche Lieder, hört weihnachtlichen Geschichten zu, die von den Gastgebern erzählt werden, knabbert schon mal ein paar Weihnachtsplätzchen und vertreibt die äußere Kälte mit Glühwein oder Punsch, denn nicht immer laden die Gastgeber in ihre gute Stube an den warmen Ofen ein. Doch das ist auch nicht die Idee hinter dem „Lebendigen Adventskalender". Mit einfachsten Mitteln Gelegenheiten schaffen, dass Menschen zusammenkommen, das ist der Grundgedanke des besonderen Adventskalenders in Themar, der mit dem Entzünden eines Herrnhuter Sterns über der Werra beginnt und am Heiligabend mit dem letzten Türchen endet.

Touristinformation Themar, Schuhmarkt 6, 98660 Themar,
Telefon: 03 68 73 / 6 97 32,
in dringenden Fällen erreichbar unter 0160/1663172;
www.themar.de, Mail: touristinfo@themar.de

Anfahrt über BAB 71: Abfahrt Meiningen-Süd, weiter auf B 89 über Belrieth, Vachdorf, Leutersdorf und Hänfstedt nach Themar, dort Richtung Innenstadt; über BAB 73: Abfahrt Schleusingen, weiter auf L 1625 Richtung Kloster Veßra, dann auf B 89 Richtung Themar.

47

Herzermarkt in Vacha

Der Weihnachtsmarkt in Vacha wird auch Herzermarkt genannt, weil in alten Zeiten die Menschen nach Vacha kamen, um dort auf dem größten Markt der Region ihre Töchter und Söhne „unter die Haube" zu bekommen – und oft fanden sich auch die Herzen. Diese Eheanbahnung ist heutzutage eher in den Hintergrund gerückt, doch der Name des Marktes blieb. Jedes Jahr wird in Vacha die Weihnachtszeit am ersten Adventswochenende mit dem Herzermarkt eingeläutet. Von Freitag bis Sonntag sind die Herzen in Vacha mit Musik, Glühwein und weihnachtlicher Stimmung erfüllt. Viele liebevoll geschmückte Stände, Attraktionen und Überraschungen warten auf Besucher. Für die Kleinen gibt es ein Kinderkarussell und natürlich wird auch der Weihnachtsmann, obwohl vielbeschäftigt, dem Herzermarkt einen Besuch abstatten. Auf der Bühne des Marktplatzes erklingen weihnachtliche Melodien. Sollte Ihnen noch das eine oder andere Weihnachtsgeschenk fehlen, haben Sie am verkaufsoffenen Sonntag von 11 bis 17 Uhr Gelegenheit, die Lücken unter dem Baum zu füllen. Der Herzermarkt hat viel zu bieten. Lassen Sie sich begeistern und verzaubern in Vacha! Aber auch andere Sehenswürdigkeiten verdienen Ihre Aufmerksamkeit: die Burg Wendelstein, die Werrabrücke aus dem 14. Jahrhundert, die Reste der Stadtmauer mit erhalten gebliebenen Türmen aus dem 13. Jahrhundert und die Fachwerkhäuser im hessischen Stil in der historischen Innenstadt. Bemerkenswert ist auch das Serviten-Kloster mit den faszinierenden Wandmalereien.

Stadt Vacha, Bahnhofstraße 21, 36404 Vacha, Tel.: 036962 26 10
www.vacha.de

Eröffnung des Herzermarktes am Freitag vor dem 1. Advent 18 Uhr, Sa ab 13, So ab 12 Uhr

Anfahrt: A 4, Abfahrt Friedewald, weiter Richtung Friedewald, dort auf die B 62 Richtung Vacha abbiegen und der Ausschilderung folgen.

4,50 €

48

Waltershäuser Weihnachtsmarkt

In Waltershausen fährt der Weihnachtsmann gemeinsam mit dem Bürgermeister in einem weihnachtlich geschmückten Feuerwehrauto vor und eröffnet den kleinen, gemütlichen Weihnachtsmarkt auf dem Marktplatz immer am Freitag des 2. Advent. Viele Waltershäuser laufen mit Fackeln hinter dem Feuerwehrauto durch die Stadt. Wenn dieser Umzug auf dem Waltershäuser Marktplatz angekommen ist, dann dauert es nicht mehr lange, bis der Markt von den beiden eröffnet wird. Gleich nach der Eröffnung hält der Weihnachtsmann seine „Sprechstunde“ ab und verteilt Geschenke. Eine Kaffeestube bietet

allerlei Köstlichkeiten und an den Marktständen wird für das leibliche Wohl gesorgt. Im Rathaus bieten Handwerker ihre weihnachtlichen Produkte an. Wer Geschenke selbst basteln möchte, der ist in der Bastelwerkstatt des Weihnachtsmannes herzlich willkommen. An allen Tagen sorgt ein abwechslungsreiches Programm für Unterhaltung. Am Sonntag endet der Waltershäuser Weihnachtsmarkt mit einem festlichen Konzert in der Stadtkirche.

Adventsmarkt Waltershausen
www.waltershausen.de
immer am Wochenende des 2. Advent, Fr. 17–21, Sa 12–21, So 12–18 Uhr
Weihnachtskonzert in der Stadtkirche: So (2. Advent) 17 Uhr
Anfahrt: A 4, Abfahrt Waltershausen, Ausschilderung Richtung Innenstadt folgen.

49

Weihnachtsmarkt in Weida

Weida lockt nicht nur mit seiner Osterburg, die Stadt selbst hat viel zu bieten. Am dritten Adventswochenende finden Sie auf dem Weihnachtsmarkt zur Jahreszeit Passendes an den vielen weihnachtlich geschmückten Ständen, die sich rund um das Renaissance-Rathaus gruppiert haben. Sie können Geschenkartikel, Weihnachtsdekoration und Leckereien bestaunen und natürlich erwerben. Auch Weidas Partnerstädte sind mit von der Partie und bieten Spezialitäten aus Calw und Neu-Isenburg an. Ein kleines Bühnenprogramm rundet den Weihnachtsmarkt in Weida ab. Auch die Osterburg, die Stammburg der Vögte, die dem Landstrich den Namen Vogtland gaben, kann besucht werden. Seit fast 90 Jahren gibt es auf der Osterburg ein Museum, dessen Dauerausstellung in der Remise, im Turm und im Alten Schloss historisches Mobiliar, Porzellan, Gemälde und eine Grafiksammlung präsentiert. Die naturwissenschaftlichen Spezialausstellungen in der Remise haben stets ein technisches Kleinod im Zentrum – die letzte und einzige Atomuhr der DDR. Wer die enge Treppe zu den Zinnen des Turms auf sich nimmt, wird mit einem atemberaubenden Rundblick über das Vogtland belohnt. Man kann auf den ersten und den zweiten Zinnenkranz hinaustreten. Hier oben gibt es auch die sehenswerte Türmerstube. Wenn Sie jedoch im Winter lieber Sport treiben möchten, dann haben Sie dazu ebenfalls in Weida Gelegenheit: Immer am Nikolaustag findet der Lichter-Paar-Lauf statt.

Weihnachtsmarkt in Weida
3. Adventswochenende ab 14 Uhr
www.weida de oder osterburg-vogtland.eu
Stadtverwaltung, Markt 1, 07570 Weida
Tel.: 036603 540
Anfahrt über A 9, Abfahrt Lederhose, weiter auf B 175 Richtung Großebersdorf/Weida.

50 Weihnachtsmarkt in Weimar

Wenn der berühmte Weimarer Zwiebelmarkt vorbei ist und sich die Aufregung gelegt hat, dann steht als nächster Höhepunkt der Weihnachtsmarkt in der Klassikerstadt bevor. Die obligatorischen Glühweinstände fehlen auch hier nicht. Buden, an denen Stollen, gebrannte Mandeln, Kunsthandwerk und vielerlei Weihnachtliches angeboten werden, stehen um den Weihnachtsbaum. Seit 1815 wird in der Mitte des Marktplatzes eine über 20 Meter hohe Tanne aufgestellt. Ausgedacht hat sich das der Weimarer Hofbuchhändler Hoffmann, der damit arme Leute, die sich keinen eigenen Baum leisten konnten, mit dem Anblick eines festlich geschmückten Weihnachtsbaumes erfeuen wollte. Von Weimar aus breitete sich dieser Brauch in viele andere Städte Thüringens aus. Es gibt aber noch viel mehr zu entdecken und zu erleben: eine Weihnachtskrippe, viel weihnachtliche Musik und nicht zuletzt den Weimarer Adventskalender. Jeden Tag vom 1. bis 24. Dezember öffnet ein anderes Geschäft seine Pforten und bietet interessante Dinge an. Auf dem Theaterplatz, nur wenige Gehminuten vom Marktplatz entfernt, sind die Weimarer Glühweinhütten vom „Sächsischen Hof“ und dem „WEIMAR HAUS“ aufgebaut, die verschiedene Glühweinsorten, alkoholfreie Heißgetränke für Kinder, Eierpunsch, heiße Schokolade und auch trendige Heißgetränke anbieten. Und wenn das Glockenspiel vom Rathaus mit weihnachtlichen Melodien erklingt, ist wirklich bald Bescherung.

Weimarer Weihnachtsmarkt auf dem Marktplatz und auf dem Theaterplatz, www.stadtweimar.de
ab Di vor dem 1. Advent bis 5. Januar, täglich 10–20 Uhr
Weimarer Adventskalender: Infos unter www.24-tueren.de
Anfahrt: A 4, Abfahrt Weimar, der Ausschilderung Richtung Stadtzentrum folgen.
Parkmöglichkeiten: Tiefgarage am Goethehaus, Parkplätze Cinestar Weimar, Goetheplatz, Rollplatz, An der Hauptpost.

Sparkasse

Den Weihnachtsbaum selbst schlagen

Wo gibt es den schönsten Weihnachtsbaum? Diese Frage stellt sich Jahr für Jahr. Warum nicht einmal den Baum selbst in der Schonung aussuchen, absägen und mit nach Hause nehmen, ganz legal? Häuser, Gärten und Straßen werden in der Vorweihnachtszeit geschmückt, Lichterketten und Dekoration verteilt. Doch der Hingucker schlechthin ist der Weihnachtsbaum! Gerade gewachsen, ausladende Zweige, dicht mit Nadeln besetzt sollte er sein. Nicht zu groß, nicht zu klein. Seit einigen Jahren verstärkt sich der Trend, die Weihnachtsbäume selbst zu „ernten". Die Frauen und Männer des ThüringenForst pflegen regelmäßig den Wald, und das „schönste Nebenprodukt" sind eben die Weihnachtsbäume. Um sich nun im Wald seinen eigenen Baum schlagen zu dürfen, ist ein Kontakt zum zuständigen Revierförster angeraten, der Ihnen gern einen Bereich zeigt, in dem Sie Ihr Bäumchen selbst schlagen dürfen. Das macht Spaß, bringt Bewegung an frischer Winterluft und ist für die Kinder auch interessant. Außerdem sind diese Bäumchen aus ökologischer Sicht besser als diejenigen, die heutzutage vor fast jedem Supermarkt stehen: kurze Transportwege und keinerlei chemische oder mechanische Behandlung. Von den rund eine Millionen verkauften Weihnachtsbäumen in Thüringen stammen etwa zehntausend Bäume aus dem heimischen Staatswald.

ThüringenForst, Anstalt öffentlichen Rechts,
Hallesche Straße 16, 99085 Erfurt
Postanschrift: ThüringenForst, Postfach 90 01 05,
99104 Erfurt
Mail: zentrale@forst.thueringen.de, Tel.: 0049 (0)361 37898-00

Thüringer Weihnachtsbäckerei
Lieblingsrezept: Zimtplätzchen

Die Vorweihnachtszeit ist auch die Zeit zum Backen. Allerorten werden Plätzchen ausgestochen, Stollen und Adventskuchen mit allerlei weihnachtlichen Gewürzen gezaubert. In Thüringen wird die Backkunst besonders groß geschrieben. In jeder Familie gibt es mindestens ein überliefertes Rezept für das (vor-)weihnachtliche Backwerk und fast jede Konditorei und Bäckerei hat spezielle Leckereien für die schönste Zeit des Jahres im Angebot.

Weihnachtsplätzchen sind lecker und für die langen Abende in der Vorweihnachtszeit genau das Richtige. Man greift eben mal so im Vorbeigehen in die Keksdose und fragt sich ein paar Wochen später, wer denn nun wieder die Kleider enger gemacht hat.

Aber Backen, und erst recht in der Vorweihnachtszeit, macht unendlich viel Spaß. Ganz besonders mit Kindern, die mit ihren bemehlten Händchen vielleicht eine Strähne aus dem Gesicht wischen wollen und dabei mehr erreichen, als sie wollten. Hinterher machen die Erwachsenen alles wieder sauber, einschließlich strahlender Kindergesichter.

Meine **Lieblingsweihnachtsplätzchen** sind Zimtplätzchen, schon allein der Zimtduft gehört für mich zu Weihnachten, wie der Kartoffelsalat zu Heiligabend.

Zutaten: Für die Zimtplätzchen benötigen Sie das Eiweiß von 3 Eiern, 250 Gramm Puderzucker, 1 Tütchen Vanillezucker, 1 TL gemahlenen Zimt, 500 Gramm gemahlene Mandeln und eine entsprechende Anzahl Backoblaten.

Zubereitung: Zunächst schlagen Sie das Eiweiß steif und nehmen 4 EL davon ab (später zum Bestreichen der Plätzchen). Unter ständigem Rühren geben Sie Puderzucker und Vanillezucker dazu. Dann Zimt und die gemahlenen Mandeln hinzugeben und zu einem glatten Teig verkneten. Auf jede Backoblate einen Klecks Teig geben und mit Eiweiß bestreichen. Auf einem Blech bei geringer Hitze im Ofen bis zur gewünschten Bräunung backen. Die Zimtplätzchen halten nicht lange, denn sie sind lecker! Sie werden also kurz vor dem Fest noch einmal backen müssen.

Musikalische Adventszeit

In kaum einer Zeit des Jahres wird soviel Musik dargeboten wie in der Adventszeit. In zahllosen Kirchen, Konzertsälen und Gemeindezentren singen Chöre, erklingen Orgeln, spielen Orchester und kleine Musikensembles. Auf den Straßen und den Marktplätzen geben Laien und Profis ihr Bestes auf Geigen, Gitarren, Blockflöten und Trompeten. Allen gemeinsam: besinnliche Adventsmusik. Es gibt wohl kaum einen Komponisten, der kein weihnachtliches Werk verfasste. Und es gibt wohl kaum eine Kirchgemeinde, die kein Weihnachtskonzert veranstaltet. Es ist wohl das Sinnvollste, wenn Sie sich in Ihrer Stadt, Ihrem Wohnort informieren, wo welches Konzert stattfindet. Ich wünsche Ihnen besinnliche Momente bei weihnachtlicher Musik. Das wohl bekannteste Werk mit weihnachtlichem Bezug ist das Weihnachtsoratorium von Johann Sebastian Bach (BWV 248), das zwischen dem 1. Weihnachtsfeiertag 1734 und Epiphanias 1735 in Leipzig uraufgeführt wurde. Seitdem gehört es genauso zu Advent und Weihnachten wie Stollen, Weihnachtsbaum und Geschenke.

In folgenden Kirchen wird das **Weihnachtsoratorium** aufgeführt:

Erfurt (Thomaskirche), Weimar (Herderkirche),
Gotha (Margarethenkirche), Eisenach (Georgenkirche),
Saalfeld (Johanneskirche), Artern (Marienkirche),
Waltershausen (Stadtkirche), Rudolstadt (Stadtkirche),
Altenburg (Brüderkirche), Sonneberg (St. Georg),
Ilmenau (St. Jacobus), Gera (Johanniskirche),
Hildburghausen (Christuskirche), Greiz (Stadtkirche).

FR
WEIHN

Ortsregister

Bildnachweis

Einband vorn: M.F. Schmidt www.fotograf-erfurt.de; Innenklappe vorn: Tino Sieland, Stadtverwaltung Mühlhausen; S. 3 (Adventszweig): Shutterstock / fotohunter; S. 4–7 (Tannengirlande): Shutterstock / Elena_Titova; S. 9 (Glocken): Shutterstock / Mikhail Abramov; S. 10 ff: Weihnachtsdekoelemente / Hinterlegung der Tipp-Nummern: Shutterstock / Pixasquare; S. 11: Shutterstock / torstengrieger; S. 13: Stadtverwaltung Apolda; S. 15o: Sebastian Köhler; S. 15u: Ulrich Pfeufer; S. 16/17: Shutterstock / AlexMaster; S. 18/19: Michael Kremer | SnapArt; S. 21o: Sybille Zapf; S. 21u: M. Mannig; S. 22/23: Shutterstock / dashtik; S. 24: Peter Möbius; S. 25: Peter Möbius; S. 26/27: shutterstock / Tithi Luadthong; S. 29: Lisa Kühnast; S. 30/31: Shutterstock / beckart; S. 33: Ulrich Seidel; S. 34/35: Wartburg-Stiftung Eisenach; S. 36/37: Wartburg-Stiftung Eisenach; S. 39: Thomas Grebe, Andreas Günther; S. 41: Stadtverwaltung Eisenberg; S. 42/43: Shutterstock / Alexander Raths; S. 45: Susann Schmidt / Rittergut Endschütz; S. 47: M.F. Schmidt www.fotograf-erfurt.de; S. 48/49: M.F. Schmidt www.fotograf erfurt.de; S. 51: M.F. Schmidt www.fotograf-erfurt.de; S. 53: Antje Beyer; S. 54/55: Shutterstock / Kayleigh009; S. 57: Shutterstock / Mario Plechaty; S. 59: Annett Sachs – Rhönsachs; S. 61o: Andreas Abendroth; S. 61u: Shutterstock / Romrodphoto; S. 62/63: Ulrich Seidel; S. 64/65: Shutterstock / Mario Plechaty; S. 67: Christian Freund; S. 68: Touristinformation Heilbad Heiligenstadt; S. 69: Alexander Franke; S. 70/71: Shutterstock / stockphoto-graf; S. 73: Ernst Langert; S. 74/75: JenaerWeihnachtsmarkt©JenaKultur_Foto_JenaParadies; S. 77o: Stiftung Leuchtenburg Installation; S. 77u: Michael Handelmann, michaelhandelmann.de / Stiftung Leuchtenburg; S. 79: Touristinformation Lauscha (i.A. Carola Greiner-Petter Touristinformation Lauscha, Straße des Friedens 46, 98724 Lauscha); S. 80/81: Shutterstock / casimirvisuals; S. 83: Tobias Rosenbaum (www.herrnhaus.de); S. 85: Ordensburg Liebstedt GmbH & Co. KG; S. 87: G. Jobst; S. 89: KM Concept GmbH, Wien; S. 91: Tino Sieland, Stadtverwaltung Mühlhausen; S. 93: Stadtverwaltung Nordhausen; S. 94/95: Shutterstock / Van Reeel; S. 97: Steven Neukirch, Oberweißbacher Berg- und Schwarzatalbahn ; S. 99: Erlebniswelt Goethe Chocolaterie ; S. 101: Gemeinde Ponitz, Gößnitzer Straße 1, 04639 Ponitz; S. 102/103: Steven Neukirch, Oberweißbacher Berg- und Schwarzatalbahn; S. 105: Peter Peterlein / Fotogeschäft Peterlein Pößneck; S. 106/107: Ansgar Koreng CC BY-SA 3.0 (DE); S. 109: Saalfelder Feengrotten und Tourismus GmbH; S. 111: Viba sweets GmbH, Schmalkalden ; S. 113: Helmut Röttig, Bildarchiv-Röttig Sondershausen; S. 114/115: Shutterstock / R R; S. 117: Sven Henig / Thüringen Alpin GmbH | Skiarena Silbersattel Steinach; S. 118/119: Shutterstock / nord-reisender; S. 121: Touristinformation Steinach; S. 122: Günter Schmieder; S. 123: Günter Schmieder; S. 125: Joachim Hanf; S. 127: Stadt Vacha; S. 128/129: Sebastian Spelda / Stadtverwaltung Waltershausen; S. 131: Bettina Gunkel / Stadt Weida; S. 133 o: : Shutterstock / LianeM; S. 133 u: : Oliver Berger / Stadtverwaltung Weimar; S. 135: Shutterstock / Volodymyr Tverdokhlib; S. 137: Ulrich Seidel; S. 139: Shutterstock / MIA Studio; S. 140/141: Shutterstock / Photo-SD; Seite 142: Shutterstock / Irina Mitin; Einband hinten: Shutterstock / LianeM.

Impressum

Sutton Verlag GmbH
Arnstädter Straße 8
99096 Erfurt
www.suttonverlag.de

ISBN: 978-3-96303-063-5
Gestaltung und Satz: Sutton Verlag
Druck: Florjančič Tisk d.o.o. / Slowenien